わが人生 6

◉JAセレサ川崎代表理事組合長
小泉一郎

かわさき農歓喜

神奈川新聞社

2002年６月の除幕式。本店玄関ホールに設置された豊穣の神「セレス」のレリーフ

1983年、神奈川県議選初出馬でトップ当選を果たす

1994年、海外視察でエジプトへ

県議勇退後に、本格的にゴルフを始める

小泉純一郎前総理大臣とは旧知の仲

1983年の衆院選で小泉純一郎氏の応援に駆けつける

川崎市フルーツパークの
品評会で、梨を吟味する

職場の「セレス」たちに囲まれ、ほがらかに

目次

＊本書は神奈川新聞「わが人生」欄に二〇〇六（平成十八）年八月二十五日から十月二十五日まで、六十回にわたって連載されたものに加筆・修正したものです。

第一章　私の原点

ニンジン改良に二十年

「農産種苗登録第二三〇号　名称　小泉冬越五寸」。

確かにそう記された登録証を私が手にしたのは、一九七一（昭和四十六）年のことだった。こうして文字で記すと大げさだが、実は長さ十七センチ程度のごく普通のニンジンのことである。

私が野川（川崎市宮前区）にある生家の農家を継いだころ、その辺りで作られていたニンジンは丈が長くて収穫が大変な上に、肉質が固かった。そこで篠原（横浜市港北区）方面で盛んに作られていた「子安ニンジン系」の種を分けてもらって育ててみたのだが、この系統は地表に露出した肩の部分が霜にあたって傷んでしまうという欠点があった。

ところが中に一本だけ、首まで土の中に埋まっているニンジンがあった。その種を採って蒔いたのが改良のスタートとなったのである。

育種学や遺伝学の知識があったわけではない。だから、年末に収穫した数万本のニンジンの中から、円筒形で色つやが良く、茎が細くて、肩の部分が地表に露出しない「吸い込み性」に優れた物ばかりを選び出し、その日のうちに再び植え直して種を取る。二十年余り、ひたすらそれを繰り返すうちに、「小泉の作るニンジンはおいしい」と言われるようになっていった。

そのころ、親戚の一人が、私が改良したニンジンを明治神宮で開かれていた「全国農産物品評会」に出品して優勝した。その家の耕作地はほとんどが砂地だったため、同じ種を蒔いて育てても、わが家の畑よりも良いニンジンが採れたようだ。土壌が違うだけで、表面がすべすべで、きめ細やかな美人のニンジンになる。

それに目をつけた種苗会社の人が訪ねて来て、新種として種苗登録をするよう、勧められたのである。

勧められるままに農林省に申請してみたところ、東京教育大学（現筑波大学）農学部教授の山崎肯哉《こうや》博士、協和種苗の朝比奈修部長らが何度も足を運んで来られて審査を重ねた。それから各地の農業試験場での試作を経て、申請から三年後にようやく新品種として認められることになったのだ。

山崎博士はとても気さくな方で、「こんなんじゃだめだ」とけなしながらも、適切なアドバイスをくださった。私も先生が来られるとすぐに畑に引っ張り出して、ニンジンの出来具合を確認し、その後は一升瓶を囲んで、よもやま話に興じたものだ。

ようやく登録が認められると、写真を提出するようにいわれた。そこで何十本ものニンジンをトラックに積み、日本橋の三越デパートの写真館で撮影してもらうことにしたのである。持ち込まれた被写体がニンジンということに写真館の人はとても驚いたが、理由を説明すると、さすがにその道のプロらしく、きれいなじゅうたんの上にニンジンをバランスよく並べていった。そしてライトを調節しながら、見栄えのする写真を撮ってくれたのである。

「小泉冬越五寸」の登録期間は五年だったが、現在も五寸ニンジンの一種として根強い人気を保ち、改良種も多く作られている。

農業に携わった者は誰でも、「できるかぎり良いものを作ろう」「高く売れるものを作ろう」という気持ちを持つことが大切だと思う。私はそうした気持ちを持ち続けたおかげで、「種苗登録」という思いもかけぬ出来事に遭遇したが、それはひとりの農業者としてとてもうれしいし、ずっと誇りに思っている。

田園地帯で伸び伸びと

私の生家は川崎市宮前区野川の、影向寺台《ようごうじだい》と呼ばれる高台にある。川崎といっても、このあたりは臨海部の工業地帯とはうって変わった農村田園地帯。かつての橘樹《たちばな》郡で、郡の北部は江戸幕府の天領とされていた。私が生まれたのは一九三〇（昭和五）年四月十二日で、当時は橘樹郡宮前村（一九三八年十月に川崎市に編入）と呼ばれていた。

野川には代々、木嶌、小泉という地主がいた。私より七代ほど前、小泉の本家は男子に恵まれず、ひとり娘に婿を迎えたものの、その直後に男の子が生まれたために、娘婿を分家させたそうだ。物置に大きな木樽《だる》や蒸留釜が残っていたところをみると、酒か焼酎の蔵元だったのかもしれない。しかし私の祖父の彦太郎の代には農家になって、「野川の彦」と呼ばれていた。

青果市場ではお互いをこうした「屋号」のような名称で呼び合うため、顔は見知っていても互いの本名を知らないことが多い。後年、私が農協勤めを始めてあいさつに行った先で、「何だ、野川のヒコさんか！」と驚かれたことが度々あった。

祖父は晴耕雨読を理想としたなかなかの学識者で、千年（高津区）にあった松本塾の塾長代理をしていたほか、宮前村の村会議員なども務めていた。塾といっても単なる読み書き算盤《そろばん》だけでなく、剣道や漢文なども教えていたという。

彦太郎は十一人の子どもを得たものの、多くは結核などで早世し、成人したのは長男で跡継ぎの精一を含めた三人だけだった。その精一に嫁いできた母のマツは、勝田（横浜市都筑区）の篤農家の鈴木という家の娘である。母の兄は勝田村一番の力持ちだったというから、母の目には、小柄で線の細い父は少々頼りなげに映ったらしい。それでも私の二歳下に妹のキミエ、少し離れて九歳下に弟の俊雄と、三人の子に恵まれた。私はこの母をとても尊敬しつつ、成長したのである。

母は子供のころから足が速く、地区代表として県大会などにも出場したそうだ。そのと

野川の自宅前で祖父・彦太郎（当時62歳）と（1935年）

きに賞品としてもらった裁縫箱などを子どもたちに自慢気に見せて、何でも一番になれとハッパをかけた。特に運動会の駆けっこの成績は、人一倍気にしたものだ。

それから、どういう縁があったものか、山形県出身の若い衆がいつも二、三人同居していた。小学校を出たてで来るのだから、男の子でも姉《ねえ》やでもまだ幼い。労働力というよりも私たち子どもの遊び相手で、まるで兄弟のように育った。

遊ぶ場所には事欠かない時代だったが、うっかり遠出をすると大変なことになる。現在の野川の街並みからは想像もつかないが、当時は日が落ちると真っ暗で、ホウホウとふくろうが鳴く。家の近くの神社の境内に見知らぬ人が寝泊まりしていることもあり、夕暮れになると一目散に家に走り帰った。

また、近隣は農家ばかりだったので、農繁期になると、女子青年団が臨時の託児所を開いて、就学前の子どもたちを集めて面倒をみるのがならわしだった。託児所といっても天気の良い日に学校の一部を借りて、弁当を食べさせたり、遊ばせたりするだけのこと。とはいえ、十人から十五人の悪ガキばかりが集まっているのだから、時には手に負えないこともある。私は特にいたずらばかりして姉さんたちを困らせた。

今思うと、子どもごころにお姉さんのひとりに憧れにも似た気持ちを持っていたのだろう。日が暮れると青年団の団長が一同を迎えにきて、そのお姉さんを送って行く。それを見ながら、なんとなく悔しい気持ちになったものだ。

後年、県議会議員に出馬したとき、当時の「お姉さん」たちがそろって応援してくれた。しかし、話がはずむとそうした幼いころの話を持ち出されてかららわれる。照れくさいやら恥ずかしいやら、みんなで大笑いしたものである。

虫取りやメジロ獲りの毎日

一九三七（昭和十二）年、私は宮前小学校野川分教場（現川崎市立野川小学校）に入学した。野川分教場の前身は、学制発布直後の一八七三（明治六）年、西福寺（宮前区梶ケ谷）に開かれた盛隆《せいりゅう》学舎である。同じころ、泉福寺（宮前区馬絹）にも鳴鶴《めいかく》学舎が開かれたが、大正時代になってすぐ、一村一校制が通達されたため、宮前村内にあった二つの小学校を一校に統合する話が持ち上がった。

この統合話に反対した急先鋒が私の祖父の彦太郎たちで、当時の橘樹《たちばな》郡長を西福寺に呼び出し、軟禁状態にして直談判に及んだという。あくまでも統合するなら税金の滞納も辞

分教場で剣道の指導を受ける（小学校５年生時。前列右から２番目）

さないという強硬策まで持ち出して、とうとう「分教場として残す」という念書を郡長に書かせることに成功した。その結果、名目上は「宮前村立宮前尋常高等小学校野川分教場」になったが、本校と校長が兼務というだけで、学校運営上は完全な独立校として残すことに成功したと聞いている。

「直談判」といえば聞こえはいいが、実質的には強迫と監禁。一歩間違えば警察沙汰《ざた》になったかもしれないが、名を捨てて実を取った解決策は、野川地域の向学心の強さをよく物語るエピソードだと思う。

ともあれ、こうして野川分教場は無事に存続することになった。それに本校か、分教場かという区別は、子どもたちにはあまり関係がない。私は、「他校の選手」という資格で近隣の小学校の運動会に行き、駆けっこに出場したが、その結果を私より気にしていたのが母だった。いつだったか、リレーでコースを間違えたときは、家に帰るなり、すごい剣幕でしかられた。携帯電話もない時代にどうして結果を知っていたのか、今でも不思議で仕方がない。

夏になると、矢上川に設けられた野川堰《せき》で泳ぐのが毎日の日課。矢上川は多摩丘陵の菅生を水源として東南に流れ、鶴見川に合流する川で、地元の子どもたちにとっては絶好の遊び場だった。そのままでは流れが速く浅瀬が多いが、堰で水を貯めると自然のプールができるようになっていた。子どもたちが泳ぐ場合は上級生の中に監視役がいて、年少の子どもたちを監督する。監視役の上級生は、泳ぎのうまい後輩を見つけて、後継役に指名していくという伝統があった。母の期待はともかく、私は走るよりも泳ぐほうが得意だったので、先輩から次の監視役に指名されたときはうれしかった。当時の子どもは今よりもずっと大人びていて、一歳違うと成熟度がまったく違う。それだけに先輩の言うことはよく聞いたものである。

矢上川ではフナ、ハヤ、タナゴ、ナマズ、ウナギ、ギバチなどが捕れた。ドジョウやオタマジャクシを餌にして捕ったナマズは、目の前の魚屋で切り身にしてもらい、持ち帰って照り焼きなどにして食べた。

　子どもたちがいちばん熱中したのが虫捕りだ。竹の棒の先にクモの巣を巻き付けたものはセミ取りの道具。これは虫取り網よりもずっと取りやすい。それからカブトムシやクワガタを捕るには、まず同じ木に巣を作っているスズメバチを追い出さなければならない。お目当ての木の足元で火を起こし、ハチを煙でいぶしてすぐに地面に伏せる。スズメバチは低く飛べないのでそうすれば簡単にやり過ごせるからだ。

　煙にいぶされてハチは飛び去るが、一緒に木から落ちたカブトムシやクワガタも、すぐに地面や枯れ葉のやわらかい所にもぐり込んでしまうから、目を皿のようにして見逃さないようにする。まごましていると、ハチが戻ってきて刺されかねない。もっとも外で遊んでいれば、年に数度は刺されるものだ。そんなとき母は、ズイキ（サトイモのクキ）の液を絞って刺されたところにつけてくれた。

　一時期、私が偏頭痛に悩まされたとき、母はカマキリの黒焼きを粉にしたものを飲ませた。ちょっとしたケガや病気はその辺にあるもので治そうとした時代だし、実際に治ったのだから不思議なものである。

　メジロの捕獲や飼育は今では許可制になっているが、当時はスリルがある遊びのひとつ。

サシコ（竹かご）におとりの鳥と餌になるミカンなどを入れ、固唾《かたず》をのんで見守っているときの緊張感は忘れ難い。

江田島の海軍兵学校を目指す

小学校時代の私はとんでもないいたずら者で、先生に白墨を投げられたことが再三あった。一方で火の用心のポスター・コンクールに入選し、張り出されたこともあったから、案外、画才はあったのかもしれない。

箱根の仙石原で開かれた林間学校では、忘れられない思い出がある。飛行機好きの亜雁《あかり》徹夫先生と一緒にグライダーとゴム動力の飛行機を作った。材料は竹ひごと和紙、プロペラは木製の市販品である。先生のグライダーはすぐ落ちてしまったが、私が中心になって作った飛行機はとてもよく飛んだ。「賞」という赤い判が押されたノートをもらった私は鼻高々だった。

毎日がこんな調子だったら、のどかな少年時代だったに違いない。しかし、五年生になった一九四一（昭和十六）年、野川分教場は「宮崎国民学校分教場」と改称され、その年末に太平洋戦争が始まった。そんな中で小学校を卒業した私は、子安台（横浜市神奈川区）の浅野綜合中学校（現浅野高校）に進んだ。江田島（広島県）の海軍兵学校に進学することが最大の目標になっていたからだ。

というのも、わが家の男子は代々背が低く、曽祖父も祖父もそして父も、身長五尺三寸という甲種合格基準に足りなかった。これは当時としてはいたく不名誉なことで、長男である私が徴兵検査に合格することが家族の悲願になっていた。父祖の分も「お国のために」役立つよう、できれば海軍兵学校へ進んで立派な軍人になることが、私の大きな目標となっていたのである。

江田島に憧れた理由はもうひとつある。当時は出征兵士を村中総出で見送るのが慣わしだったが、陸軍のカーキ色の軍服と赤い帽子に比べて、まっ白い制服に短剣を下げた海軍兵士のいでたちは格段に垢ぬけて見えた。しかも出征が決まると、近くの神社に村人全員が集まって万歳三唱。ときには盛大に花火まで上げてにぎやかに見送ってくれるのだ。近所から出征兵士が出るたびに、私も見送る人々の輪の中にいた。そして「自分もいつか」という思いを強くしていたのである。

浅野綜合中学へ通うには、毎朝、武蔵中原駅まで自転車で行き、南武線で川崎へ出て、京浜急行に乗り換えて新子安まで行く。今と違って片道一時間半はかかった。しかもそれまで電車に乗ったことがない農村の子どもだから、慣れるまで大変だった。

中学生になって初めての夏休みには杉田（横浜市磯子区）の海に行ったが、市電の何系統に乗り、どこでどう乗り換えればいいのかがわからず往生した。しかし、近所の川でばかり泳いでいた私にとって海水浴は初体験。体が浮くために泳ぎやすいことがわかり、それ以来、海が大好きになった。

中学時代はいろいろな先生に教わったが、数学の先生は元軍人らしく、何事も連帯責任だといって厳しく指導する人で、みんなに怖がられていた。それに比べると音楽の松田先生はＮＨＫの指揮者も務めたスマートな人で、ビンタをくらってもあまり効き目ははかった。しかしこの先生に「不可」をつけられたことですっかり自信を無くし、いまだにカラオケは遠慮したいクチである。

私は志だけは高かったが、郡部の分教場から都市部の学校へ進んだせいか、成績は二百人中の百五十番ぐらい。つまり下から数えた方が早かった。このままでは海軍兵学校には進めそうもないということで、浅田専門学校工学部で教べんをとっていた福岡末吉先生に家庭教師をお願いし、帰途に立ち寄って勉強することになった。

浅野中学在学中（右端）

その一方、身体の鍛錬も重要だということで剣道も習っていたが、練習相手を探してくれるのはもっぱら母だった。農家に野菜を買いに来る人や疎開して来た人たちなどから、適当な相手を紹介してもらっていたようで、そんな時はわが家の庭先が他流試合のための臨時の道場になった。

当時は中学校にも兵器庫があり、サーベルや小銃が置いてあった。戦況が進むにつれて軍事教練の時間が徐々に増え、陸軍東部第六十二部隊の古谷中尉、岡田中尉が配属教官としてやって来た。富士のすそ野の廠《しょう》舎に寝泊まりする合宿も毎年行われるようになった。

陸軍第六十二部隊は一九四〇（昭和十五）年、馬絹、上作延、下作延、向ケ丘、菅生に

またがる広大な土地を接収して「溝口演習場」とし、本部は現在の宮崎中学校のある丘の上の木造二階建に置かれ、付近には将校集会所、兵舎、弾薬庫などが配置されていた。戦後は米軍に接収、管理された後、一九五一（昭和二十六）年に地元農家に払い下げられて、現在は平和な住宅地に変貌している。

「ホンチ遊び」に熱中

戦局が深まると、実弾射撃訓練が行われ、軍需工場への動員も始まった。浅野中学の私のクラスは法専鉄工所に学徒動員され、旋盤や溶接の仕事をこなした。

B25の飛来数が日増しに増え、東部第六十二部隊の高射砲が応戦することがたびたびあった。築何百年か経っていたはずのわが家のかやぶき屋根にも不発弾が落ちて、肝を冷やしたこともある。

そんな緊張した毎日の、ちょっとした息抜きが「ホンチ」だった。私は最初、「明日、ホンチを持って来いよ」と言われても何のことだかわからなかったが、いわゆる「蜘蛛《くも》合戦」である。黒くてピョンピョン飛び跳ねるクモを、小さなマッチ箱のような「ホンチ箱」に入れて戦わせる遊びで、ホンチ箱は上側がガラス張りになっていて、戦う様子がよく見えるように工夫されていた。当時、横浜を中心に流行していたようだが、川崎生まれ、川崎育ちの私は、まったく知らなかったのである。

雄のクモ同士が互いの第一脚をすり合わせる「サヤアテ」から始まり、がっぷり組み合う「地取り」。そのうち、相手の腹を引っかき、引っかかれたほうが逃げ出して勝負がつく。前日に捕獲した「ホンチ」を一匹ずつ「ホンチ箱」に入れて学校へ持って行くのが楽しみになった。

バラの木にいる「バラホンチ」が強いとされ、クモに戦意がないときは、ホンチ箱の底を爪《つめ》でひっかいて、戦意をあおればよかった。たかが小さなクモのケンカだが、戦う様子が実にダイナミックで私たちは夢中になった。戦況が悪化する中で、少年らしく夢中になって遊んだ数少ない思い出のヒトコマである。その一方、学徒動員で通う工場で働きながら、「お国のために」という思いは強くなるばかり。「こんなことをしている場合ではない」という焦りがあった。

一九四五（昭和二十）年になると空襲の回数が増えた。三月十日の陸軍記念日に東京が、四月十五日の夜半から川崎が焼かれ、五月二十五日には再び東京が炎に包まれたが、そのわずか四日後の二十九日には横浜大空襲が敢行されて、浅野中学の木造校舎が焼けた。軍需工場が集まっていた鶴見付近への攻撃もすさまじく、私たちはパイロットの顔が見えるくらいの近距離から機銃掃射を浴びた。鶴見の駅前の国道が吹っ飛び、跳梁《ちょうりょう》弾がヘラみたいに平たくなって飛んでいった。

どんな地獄絵図を見せられても、親しい学友を亡くしても、私は早く戦地に行かなければと、ただそれだけを考えていた。

ところが夏のお盆の最中に、唐突に戦争は終わった。

絶対に勝てると思い込まされている一方で、「大丈夫かな」という疑念がなかったわけではない。しかし、早く軍人にならなければいけないという焦りを募らせていた私にとっては、ハシゴをはずされたような終戦だった。

国のために命を捨てろと言われ、死ぬと分かっている戦いに出ていくために勉強していたようなものである。しかもそうやって死ぬことを何とも思っていなかった。それがある日、突然「民主主義」に切り替えられたのだ。若者のとまどいは決して小さくはなかった。

「もう二年早く生まれていたら」と悔やまれてならなかった。

しかも食糧難がひどくなったのは、むしろ終戦後のことである。コムギを水で溶いて汁に落として煮込んだスイトンが食べられればまだいい。それでも農家は比較的マシだったため、私は母に言われるまま、同級生たちを順番に家に連れ帰った。

もちろん、たいしたものがあるわけではないが、久々に食事らしい食事を摂った友人たちのうれしそうな顔が忘れられない。私が母を尊敬しているのは、こんなところにも原因がある。

第二章　農家の跡継ぎとして奮闘

オート三輪車を得て農業を継ぐ

日本が終戦を迎えた一九四五（昭和二十）年の夏、私は浅野綜合中学校の三年生だった。それまでとは一転して、耳新しい「民主主義」を教えなければならなくなった教師たちの戸惑いも、さぞ大きかったことと思う。

私を含め、多くの若者が目標を失ったが、順応性が高いのもまた若者の特権かもしれない。私たちはほどなく賑わいを取り戻した横浜の野毛山あたりに出かけて遊んでばかりいた。映画館にも足を踏み入れるようになり、ジョン・ウェインの『拳銃の町』やヘンリー・フォンダの『荒野の決闘』などの西部劇に興奮した。しかし、突然、キス・シーンが映し出されたときはドギマギして目のやり場に困ったものである。

しかし、食糧や物資の欠乏が常態化していた。学校にも泥棒が入り、剣道の防具や野球の道具が盗まれることもたびたびあった。しかも闇市にいけば、それとわかるものを平気で売っている。戦後の二、三年はそんな混沌とした世相の中で、学生生活を送ったのである。

私が卒業した一九四八（昭和二十三）年三月、浅野綜合中学校は新制の浅野高校と浅野中学校に改められ、日本もまた、復興への道を歩み始めていた。しかし、江田島の海軍兵学校に行って立派な軍人になるという目標を失って以後、私は新たな目標を見つけられずにいた。漠然と大学に進みたいという気持ちは持っていたし、農家を継ぐのは嫌だったが、それは長男である私の既定路線とされていた。かつて父の弟も大学に進んだし、私を進学させる資金が不足しているわけではない。学問好きだった祖父が生きていれば違った結果になったかもしれないが、当面の働き手がいないという現実から逃げ出すわけにはいかなかった。

そこで私が出した条件は車を買ってもらうことだった。車といってもいわゆるオート三輪である。家が高台にあるので、低地にある田畑への行き来だけでも大変な労力を要する。確か十五万五千円ぐらいだったはずだが、当時は農協にも一台しかない高嶺の花。父にとっても思い切った買い物だったと思う。

早速、六角橋の試験場（現交通安全センター）に運転免許を取りに行ったが、試験日はとんでもない大雪で、コースを一周して脱輪しなければ合格という程度だった。近隣の信号は馬絹の交差点の一カ所だけだったし、車もほとんど走っていない。実に大らかなものである。私の無類の車好きはこのときにさかのぼる。以来、運転歴は六十年近くになるが、もらい事故以外は無事故というのが自慢だ。

同じころ、青年会の活動が始まった。明治末期から各地に結成された青年団は「大日本青少年団」という全国組織となって軍国主義に取り込まれていた。これが終戦で解散し、市町村単位の青年団は消滅していたのである。しかし、戦地や工場から戻ってきた若者たちにより、お祭りや共同耕作という伝統的な役割を担う集落単位の青年組織が再生の兆しを見せていた。

父・精一（右）とトマト畑で作業する（中央　1945年）

学校を卒業して農家を継いだ私も青年会に入ることになったが、入会式の後は当然のように宴会になった。焼酎の瓶が並べられ、湯呑茶碗になみなみと注がれても、当時のやつは臭くて飲めたものではない。質の良い焼酎ではなかったせいもあるが、学校を出たばかりで、まだ酒を飲みなれていなかった私にはつらいことだった。

少しだけ口をつけてごまかしたものの、どうしても飲めないで困っていると、先輩たちが私の傍を離れた隙に一人の女の会員が駆け寄ってきて、あっという間に私の湯呑の中身を飲み干してくれた。見かねて助けてくれたのだろうが、その飲みっぷりといい、所作の鮮やかさといい、今でも忘れられない思い出である。ただ残念なことに、どこの誰だったのかがわからない。

その後、私は新たに設立された野川青年会の初代会長になり、盆踊りや卓球、草野球などの大会を催したりした。しかし市販の野球道具はそろえられないので、木の塊に帯芯を巻き、母に縫ってもらってボールにした。スパイクはゴム底靴に自分で取り付け、グローブは古道具屋で調達した。ラシャ紙を帯芯に張り付けて「NOGAWA」と切り抜いてユニホームに縫い付けた。何もかもが手作りだった。

三日三晩かけた結婚式

就農と引き替えにオート三輪を手に入れ、父や母を手伝って農業に身を入れるようになって数年後、私に突然、縁談が持ち上がった。挙式が二十四歳になる年の春だったから、今の感覚だと早いほうかもしれない。

家内は澄子といい、荏田（横浜市青葉区）の篤農家の娘で旧姓は徳江。農家の嫁は農家からもらえということだったらしく、家内は私の父母の仲人の息子さんの教え子にあたる。結局、親子二代で同じ家に仲人をお願いすることになった。

見合いから挙式まで十カ月ほどあったが、その間に会ったのは二、三度だけだった。先方の家に行っても、話し相手は父や兄たちで、本人同士はろくにしゃべりもしない。それが当たり前だった。

挙式は一九五四（昭和二十九）年の三月三日。桃の節句だというのに、驚くほどの大雪で、花嫁を乗せたハイヤーが坂道を登れないで立ち往生してしまった。友人や親戚たちが総出で押して、ようやく到着するという騒ぎになったのでよく覚えている。

しかもそれは初日のことで、当時の結婚式は三日三晩も続く。初日は親戚、二日目は隣近所、三日目は青年会等と、来客を分けて繰り返し行うからだ。各日四十人ずつとしても百二十人の大宴会になる。しかも、「親戚固めの杯」といった儀式が延々と続くので時間もかかる。杯を回す順番に気を使う仲人は想像以上の大役だ。祝宴に出す料理は仕出屋に頼むとしても、親戚連中は十人以上が泊まりとなるから、家族の負担も並大抵ではない。今ではこんな婚礼は到底できないだろう。

その後、一九五七（昭和三十二）年に長女のかおり、一九五九（昭和三十四）年に次女のゆかりを授かったが、父はどうしても「跡継ぎ」となる男の子が欲しかったらしく、「男の子が生まれたらダイヤモンドを買ってやる」と家内に言い続けていた。それが効いたかどうかはともかく、東京オリンピックがあった一九六四（昭和三十九）年に男の子が生まれ、真人と名付けた。父は約束どおり、ダイヤを買ってやったらしい。しかし待望の男の初孫は父の思惑とは異なり、農家を継がずに大学勤めをしている。

かおりは私の母譲りの隔世遺伝か、子どものころから走るのが速かった。ゆかりは五十の手習いで始めた私から見てもゴルフがうまい。うらやましくなるほどフォームがきれいだ。息子は私に似たのか水泳が得意で、中学と高校では水泳部に入っていたが、ゴルフは誘われてやる程度である。

父は私の二期目の県議選の直前、一九八七（昭和六十二）年の三月、八十六歳で亡くなった。母は九十歳を越してからも毎朝必ず朝刊に目を通し、大学で経済を教えている真人のために、大事だと思われる記事を切り抜いてスクラップしておくような人だった。九十六歳という長寿を得たが、二〇〇四（平成十六）年に亡くなった。

母・マツ（左）と上から長女・かおり、長男・真人、次女・ゆかり（1964年）

家内の澄子が動脈瘤《りゅう》で倒れたのは八年ほど前のことだ。一年間の入院とリハビリで、身の回りのことはある程度できるまでに回復した。現在は相性の良いヘルパーさんの協力を得ながら、家族ぐるみで見守る毎日が続いている。

選挙応援で走り回る

一九五一（昭和二十六）年、私は川崎市議会議員選挙に出馬する木嶌栄次郎氏の選挙運動を手伝った。木嶌氏は当時、市議会議長を務めていたと思う。私はこの選挙戦の最中に二十一歳になろうかという若造だったが、オート三輪に針金でポスターをくくり付けて、選挙区を一生懸命走り回った。今思えば、このときに選挙の難しさ、面白さを知ったような気がする。

次の市議選は四年後の一九五五（昭和三十）年で、今度は宮前農業協同組合の持田栄吉組合長が出馬することになった。当時の私は、宮前農協の生産者組織である「野川東部生産組合長」という役職を与えられて一年目。農作業を省力化するために、動力噴霧器の購入を願い出たのが初仕事だった。

当時の動力噴霧器はまだまだ高価で、宮前農協には川崎市から貸し出されたものが一台あっただけだと思う。そこで持田組合長に直接申し出て、必要な大金十三万円のうち四万円を積立金から捻出《ねんしゅつ》し、残りの九万円を補助金から出してもらおうと直談判に及んだのである。その結果、持田組合長が市の担当者と相談して、使っていない場合は他地区に貸し出すという条件で認められた。

そこで組合員を集め、「一度貸し出したら、いつ戻ってくるのかわからない。もし使っているかどうか聞かれたら、使用中だと答えればいい」と知恵をつけた。そのためこの噴霧器は、他の地区には一度として貸し出されることなく、野川の組合員の専用機として大活躍した。農協の「生産組合長」というと聞こえはいいが、配給品の分配や供出品のとりまとめなどが主な仕事で、いわば連絡係にすぎない。それが組合長と直談判するなど、無茶もいいところだが、結果的に噴霧器が手に入ったのだから、大成功だったといえるだろう。

しかし役職上は下っ端だから、農協の総会に出席してもいちばん後ろでお茶を飲んでいるばかり。組合長の選挙事務所に顔を出しても、顔さえ知られていないので邪魔者扱いだ。何をしてよいのか分からず、うろうろしているからよけい目障りになる。ところが「手伝わなくてもいい」と無能よばわりされたことでかえって発奮し、若手ばかり三人でメガホンを握りしめ、懸命に応援演説をして回った。「宮前地区から初めての市議を」というのがこの時のキャッチフレーズだった。

当時は、市議選でも川崎市全体がひとつの選挙区だったから、とにかく行けるところは全部行こうと走り回った。今どきのように便利なカーナビはないし、まともな地図も持たず、行き当たりばったり。ここぞと思ったところにオート三輪を止めて人を呼び集めて演説を始める。ときにはさんざん熱弁を奮った後で、「ここは東京都だよ」と笑われてしまったこともある。

四月は農家にとっては忙しい季節だが、選挙戦は別な意味で充実していた。こうした選挙運動を通じて、私自身の顔を地域の人に覚えてもらったことも、結果的には幸いだったと思う。持田氏は無事に当選し、その後、一九六三（昭和三十八）年から二年間、川崎市議会副議長を務められた。

新車を次々に買い替え

農家の跡取りという立場に慣れてくると、少しは気持に余裕ができて、農作業の合間の楽しみが欲しくなってくる。私の場合、最初に手を出したのは写真だった。

初めて手に入れたカメラはリコーの二眼レフ。前面にレンズが二つついたタイプで、今ではめったにお目にかかれない。それから大のカメラ好きだった川崎市立野川小学校の持田武男先生の影響で、一九六一（昭和三十六）年の発売と同時に一世を風靡《ふうび》したキヤノネットを買った。確か三万六千円ぐらいだったと思う。

持田先生とはほぼ同年代でウマが合い、撮影の仕方だけでなく、現像の方法も教えてもらった。といっても大きなザルに石と一緒に印画紙を入れ、学校の近くにあった小川に沈めておく。近くで一杯やっている間に出来上がるという乱暴な方法で、今では環境保全上許されないことだ。

それから、キヤノンの8ミリカメラも手に入れた。たぶんキヤノネットと同じころだったと思うが、これには三〜四倍のズームレンズが付いていた。被写体はどちらも家族が中心だったが、映写機は小学校にあるものを借りた。子どもたちは8ミリフィルムを写しながら巻き戻し、後ろ向きに走っているように見えるのを面白がっていた。

この映写機は学校の備品である。そのころは、「学校のものは地域のもの」みたいな感覚で、使えるものはどんどん使う。その代わり、校庭の植木が伸びていれば気がついた誰かが切ってやるという阿吽《あうん》の呼吸があり、いい意味でおおらかな時代だったと思う。学校と地域に親近感があった。

一方、就農の条件として買ってもらったオート三輪は、数年後に農地の一部を売却した

愛車を駆って家族ドライブ（1962年）

際、四輪のダットサンに買い替え、六二年に最初の乗用車を買った。三菱重工業（現三菱自動車工業）に就職した弟が、同社にとって戦後初の自社製作乗用車となる「三菱５００」に乗っていたので、そのマイナーチェンジとして排気量がアップされた「コルト６００」を選んだのである。かつて主流だったリアエンジン車だ。今でいえば軽自動車の範疇《はんちゅう》に入るが、五人乗れるため、家族旅行にはうってつけだった。コルトでドライブに出かけ、キヤノネットで記念写真を撮るのが、当時の最先端のレジャーだったのではないだろうか。

　二代目はコルト６００の上位車種として発売された「コルト１０００」で、フラットデッキタイプの４ドアセダン。ちなみに、初代と二代目はどちらも「品川ナンバー」だった。当時の私たちは、多摩川を越えた東京を「川向《かわも》う」と呼んでいたが、車だけは都民扱いされていたのだ。

三代目は黄色の「ギャランGT」。コルトギャランの上級車種として発売されたスポーツタイプで、三菱初のサターンエンジンを搭載し、これはとにかく速かった。まだ東名高速が開通して間もないころだったが、急いでいたので高速に乗ったところ、川崎インターから厚木まで約十分で着いてしまったのにはわれながら驚いた。

わずか二台で飽きてしまったカメラと違い、車はその後も相当買い替えてきた。その中でいちばん気に入っていたのがこのGTだ。まもなくスペシャルティーカーのGTOが発売されたのでシルバーを選んで乗り換えたが、こちらはまったくがっかりするような走りっぷりだった。

私の弟は大学の自動車部に入っていたほどの自動車好きで、ドライバーとしての腕もなかなか達者だった。それで自動車会社に入ったようなものだが、弟が現役サラリーマンの間は意識して三菱車を愛用し続け、ギャランの後にはデボネアを三度買い換えた。弟が退職してから心おきなく憧れのベンツを買ったが、今でもパジェロは愛車の一台として重宝している。

小学校新設のために奔走

個人的に地域とかかわりを持ったという意味で記憶に残っているのは、私の母校でもある川崎市立野川小学校のＰＴＡ会長を務めたことだ。一九七一（昭和四十六）年四月から七五年三月までの四年間のことである。

私の家のある野川の付近では、一九六〇年代から東急グループ主導の住宅開発が進み、六五年に第三京浜が開通。六六（昭和四十一）年には東急田園都市線の溝の口駅－長津田駅間が開業した。急速に進んだ都市化で児童数が急増し、六九年四月に久末小学校が分離独立したものの、野川小学校の過密状態はまだまだ解消されなかった。せいぜい百五十世帯だった野川の人口が、あっという間に一万世帯を超えてしまったのだから仕方のないことだった。

子どもたちの教育環境を確保するため、新小学校の分離設立を父兄の一致した願いとして川崎市に陳情することがＰＴＡ会長としての初仕事となった。

七〇年当時の野川小の児童数は千五百人以上という異常事態に陥っており、校舎の増改築では追いつかず、校庭の端からプレハブ校舎が乱立していた。八九年から二〇〇一年まで川崎市長を務めた高橋清氏が教育委員会の教職員管理部長の職にあったときで、ＰＴＡとして小学校新設の必要性を当時の教育長に訴えに行ったところ、市議会が開催中で会えなかった。数分だけでいいと言っても断られ、昼休みにも顔を見せてくれない。それでもあきらめず、高橋氏の机のそばで一日待ち続けてようやく面会したことは、今でも関係者の間で語り草になっている。

そんな苦労もあったが、市議会での採択を経て、七二年度を目途とする新校開校が決定したため、南野川方面で土地探しを始めたのである。市の用地課の職員が私の家に来て、用地買収の見通しを話し合い、まず私と地主が交渉した。買収価格は市と地主との話し合いで決めたが、市としては地主から「売ってもいい」という返事を引き出す手間が省けたことになる。

ところがその矢先に北隣の梶ケ谷地区への新設が先行して進められることになり、七二年四月に梶ケ谷小学校が開校した。それから間もなく南野川の土地の買収も完了して、七三年四月に南野川小学校が開校した。この年は奇しくも地域の基幹小学校として親しまれてきた野川小学校の創立百周年にあたり、その記念事業が盛大に行われたのである。

野川小学校百周年記念のクスノキ植樹推進の頃（左から２番目）

私が通った当時は「宮前村立宮崎尋常高等小学校野川分教場」といったが、戦時下に「川崎市立宮崎国民学校分教場」、さらに「市立宮崎国民学校」と改称。そして戦後の四七年から「川崎市立野川小学校」となった。その後、八〇年には西野川小学校が開校し、結局野川小学校からは四つの小学校が分離独立したのだが、現在も児童数は千人を超えていて、市内でも有数のマンモス校となっているようだ。

ＰＴＡ会長時代のもうひとつの勲章は、ママさんバレーの監督を引き受けて、川崎市の大会で優勝したことだ。私はバレーについてはまったくの素人にすぎないが、練習や試合のときの気合の入れ方がうまくいったのだと思う。もっとも当時のチームに背の高い選手や経験者が二、三人いたのも確かで、たまたま監督を務めた時期が良かっただけだったかもしれない。

臨海学校で遠泳指導

小学生の数が増えて困るなどという話は、少子化が懸念される今では贅沢《ぜいたく》な悩みかもしれない。しかし千五百人以上の児童の面倒を見るとなると、学校行事も大変だ。修学旅行しかり、運動会しかり、遠足しかりである。

私がＰＴＡ会長を務めた一九七〇年代初め、川崎市立野川小学校もそんなマンモス校なのに、プールは十五メートルのものがひとつあるだけだった。夏休みの子どもたちの楽しみといえば、まず第一にプールだろう。少なくとも私はそう思ったが、学校側は開放しないという。

そこでＰＴＡや子ども会が連携し、父兄が交代で監視員を務め、毎日、プールで泳げるように計らった。何日の何時から何時までは、どの地区の何年生というふうにスケジュールを決めて、平等にプールに入れるようにしたのである。

ＰＴＡとして臨海学校も開催した。市の教育委員会に許可を求めると、最初は難色を示したが、当時の五島正典校長も賛成してくれたため、なんとか実現にこぎつけることができた。行き先は南房総の保田《ほた》海岸（千葉県鋸南町）で、遠浅の海水浴場があると聞いたからだ。江戸時代の浮世絵師、歌川広重の富士三十六景の一つ、「房州保田富士」として描かれたところである。

なにしろ六年生の一学年だけでも二百人以上を連れて行くわけだから、宿を確保できるかどうかが心配だったが、幸い、農家が夏期だけ営んでいる大規模民宿を借りることができた。

私の子ども時代と違って川では泳げないし、ふだんは小さなプールで、すし詰め状態でがまんしている子どもらである。せっかくの臨海学校だから、「泳ぐ」ことと「泳ぐ」楽しさを教えなければならないと思い、全員に遠泳をさせた。とんでもないと反対する教師もいたが、「私が責任を持つ」と押し切った。二十分ぐらいのコースを設定したが、ほとんどの子どもが無事に泳ぎきった。

次の年は小一時間はかかるコースにした。もちろん大人がボートで海上へ出て見守っていたが、どうしても泳げなくなったところを助け上げたのは、たった二、三人だけだった。

野川小ＰＴＡ役員・教員と千葉の臨海学校で（前列右から３番目　1971年）

むしろ先生の中に泳げない人が数人いたと思う。これぐらいの年齢の子どもはやらせればなんでもできるようになる。危険から遠ざけるだけでなく、危険に遭遇したときにどうするかを教えるのが、大人の本当の責任だろう。

さて、話がこれだけで済めば、実行力もアイデアもある有能なＰＴＡ会長だった。

ところがこの民宿は、夕暮になると海岸によしず張りのバーを設営していて、近隣に泊っている海水浴客が集まってくる。中に入るとテーブルが馬蹄《ばてい》形に並べられていて、私たちが泊まっている農家民宿の主婦たちが接客をしていた。

そこへＰＴＡの正副会長と先生ら、合わせて五人で飲みに行った。接客係に付きっきりで相手をしてもらいたくても、「向こうのお客さんが呼んでいるから…」とやんわり断られてしまう。「それならここから離れられないようにすればいい」ということになった。そこで、五人が交代でジンフィズのお代わりを頼むという子どもじみた手で、店側が「もう作れない」というまで飲みまくった。勘定のときに伝票を見たら、五人分の合計で八十五杯と書いてあった。

臨海学校で引率者が酒を痛飲するなど、今では到底考えられないが、おおらかな時代の一コマとしてご理解願いたい。

米国の小中学校を視察

私の初めての海外旅行は一九七二（昭和四十七）年、小中学校視察訪米団に参加したものだった。県下の小中学校のPTA会長ばかりを集めた二十人ぐらいの編成で、十日間ほどの旅程だったと思う。

日本航空が海外パックツアーブランドの「JALパック」を始めたのが六五年だったから、そろそろ海外旅行に出かける人が増え始めた時期である。しかし、仲間内ではまだ一人もいなかった。海外に行くには一大決心がいるという雰囲気で、たくさんのお守りや、ぎっしり寄せ書きがされたワイシャツを贈られた。羽田空港でそれを着た写真を撮るように約束させられて、盛大に送り出されたのである。

視察先はサンフランシスコとロサンゼルス。

空港から最初に乗ったタクシーの運転手が、元在日米海軍の兵士だったらしい。「アイム・ネイビー」「サセボ！　ヨコスカ！　マイヅル！」など、片言の日本語を連発した上に童謡「さくら」を歌い出し、下車するときもウインクしながら「サービス！」。彼の友好的な態度がその後の旅を楽しくさせてくれたような気がする。

出発前、「アメリカには二階建て、三階建ての道路がある」という話を聞かされ、さすがに冗談だと思っていたが、実際に高速道路がその通りに走っていた。また、西海岸一帯は地理的に水が貴重だということもあって、どこでも給水設備が充実していた。道路には街路樹、校庭にも数種類の樹木が植えてあり、水と緑を大切にしていることがよくわかったが、校庭の植樹の根本に専用の水やり機がついているのにはびっくりした。小学校の視察に行っていながら、木や水の育成方法に感心するのだから、私はやはり、根っからの農民なのだと思う。

当時のアメリカは人種差別問題に敏感な時期だった。そこでひとつのクラス編成が白人、

1972年、訪米団で現地の小学校を視察

黒人、それ以外を三分の一ずつになるように通達が出されていて、そのためにわざわざ家から離れた小学校へ通わなければいけないケースがあったそうだ。

授業のやり方も日本とは違い、ひとつの教室の中で各人が好きな教科を自由に勉強していた。教師は子どもたちの間を回って間違いを指摘したり、質問に答えたりしているだけで、日本でいえば自習時間のような感じだった。

このときの視察旅行で私たちが訪れた小学校は、どこも日本人の母親がＰＴＡの会長を務めていた。それは日本人が教育熱心だったからなのか、日本の視察団向けに日本人の母親がＰＴＡ会長である学校を選んだのか、そのあたりの事情はわからない。

サンフランシスコに滞在中、数人でホテルの三十八階にあったレストランに行くと、ノーネクタイの客は入れられないと断られた。すごすご帰るのも悔しいので、ひたすら日本語で交渉すると、けっきょく店側が折れて入れてくれた。

二日目も同じ格好で行くと、やはりボーイに止められたが、マネジャーが出てきて入れてくれた。三日目は黙って入れてくれた。いま思えば大人げないふるまいだったが、当時は何があってもけして引き下がらないことが「大和魂」だと思っていたところがある。それは戦時下に育った者の悲しい性分なのかもしれない。

農業は工夫が楽しみ

自ら望んで継いだ農業ではないものの、やっているうちに「いいものを作ろう」という欲が出てくる。そうすると自分なりに工夫を試してみる楽しさが生まれる。数万本のニンジンの中から出来の良いものだけを選び出す作業を繰り返し、改良に二十年余をかけて新品種として認められたニンジン「小泉冬越五寸」も、その成果の一つといえるだろう。

昨今はガーデニングが流行だが、ニンジンの種を見たことのある人はほとんどいないだろう。見た目には小さなゴマ粒のようなものである。

ニンジンの栽培は、初夏に実った種を収穫して干すことから始まるが、そのままだと産毛のようなものがびっしり生えているのが特徴だ。灰や肥料に混ぜて蒔《ま》く場合は「毛付《けつき》」のままでいいが、種だけ蒔くときはよく乾燥させて手でもみ、「毛除《けじょ》」にした方が蒔きやすくなる。種を採るだけでも面倒だが農業とはそうした煩雑さに慣れることから始まるものだ。

ニンジンは長雨をきらう性質がある。おまけに台風一過でカラッと晴れると、ぬれた葉にいきなり強い太陽が照りつける。これはニンジンにとって、熱湯をかけられたことに等しい。適度な雨が降り、曇りから徐々に回復すれば都合がいいが、こればかりは人の思惑を超えている。かといって、人が怠けるとニンジンにもそれが伝わる。それが面白いところであり、つらいところでもあると思う。

野菜もいろいろ作ったが、最近では見かけなくなってしまったものが多い。「小泉冬越五寸」の元になった「子安三寸ニンジン」は肩が張って尻が細いもので、昔ながらの短円錐形だったが、「小泉冬越五寸」は消費者の「円筒形の仲間で赤いもの」という嗜好を反映したものだ。しかし近年のニンジンはさらに円筒形に近い。ダイコンも最近主流の青首ではなく、中央部が太い練馬ダイコン、それよりも大ぶりの三浦ダイコンなどが多かった。奥丸、晩丸という品種もあり、これらは「小泉冬越五寸」のように円筒形に近い形だった。ホウレンソウも最近のものとは違い、葉がぎざぎざで根が太くて赤いやつだ。

珍しいところではソーメンカボチャ。別名を金糸瓜、または錦糸瓜といい、全体はレモンイエローで縦長のだ円形をしている。皮は固いが輪切りにして茹でて冷やし、実の部分を箸やフォークでほぐすと、麺のような繊維状にほぐれるので、これを酢の物にするのが母の得意料理だった。シャリシャリした歯ごたえで、夏の食卓に涼感を与えてくれる。一時期は見かけなくなったが、昨今の伝統野菜ブームで見直されているらしい。

このように消費者の好みがくるくる変わり、消長の激しい野菜に比べれば、「野川囃子《ばやし》」の継承はうまくいっているようだ。

野川囃子は江戸末期、高津区坂戸や横浜市港北区に伝えられていたお囃子が、明治になって野川に伝えられたものらしい。笛や太鼓のお囃子に合わせて、おかめやひょっとこ、天狗などに扮した踊り手が踊る郷土芸能だ。昭和初期までは盛んに行われていたらしいが、当時子どもだった私もかすかに覚えている程度だった。

戦後は野川囃子の存在を知る人さえ少なくなってしまっていたが、ＰＴＡの会長をしていたときに、古老を集めて野川小学校で演じてもらうことができた。私自身はお囃子の経験がなかったため、継承者を探すのに苦労したが、結果は好評だった。

その後、「地域にこんな優れた伝統がある」と感激した父兄たちの尽力もあり、一九七〇（昭和四十五）年に保存会が結成されて現在に至っている。当時、古老たちに演じてもらう条件が後継者の育成だったため、その約束が果たせたことがうれしい。聞くところによると、昨今は女子の参加者が多いそうである。

うまいトマトが評判に

農家を継いだ私が最もこだわっていたのは、おいしいトマトとキュウリを作ることだった。しかし、キュウリ作りでは、どんなに頑張っても山田精一さんにかなわなかった。山田さんは後に川崎・向丘農協の専務理事になった人で、水をふんだんに必要とするキュウリを田んぼで作ったのである。

私の土地は高台で水はけがよく、トマトには適しているがキュウリには向かない。どんなに手を尽くしても、土地に合っていなければいい物は作れない。だから私は一九五五(昭和三十)年ころ、キュウリ作りをあきらめて、トマトに精力を注ぎ込むようになった。

トマトは深く根を伸ばすため、耕作地を通常よりも深く掘り起こして施肥をする。良いと思ったことをいろいろ試し、結果をノートに記録していった。

県内の品評会で優勝したこともあるが、自分で勝手にライバル視していた三浦の人の作り方を参考にして、暖かい環境を作ってやることが必要だと考えた。そこで近所の桶《おけ》屋に割いてもらった竹を地面にさし、人が立って歩けるほど大きなビニールハウスを見よう見まねで作ってみた。

しかし最初の年(一九五五年ころ)はハウス内に湿気がこもったせいか、葉カビで全滅。そこで地面にもビニールシートを敷いて、湿気の発生を抑えるようにした。日光がふんだんに当たるように晴れたらシートを外す。遅霜の時期は毎朝シートを外して夜かけるという作業を繰り返す。同じ土地への連作もいけない。

そうこうしているうちに、「野川の彦(当家の屋号)のトマトはおいしい」とかなり評判になった。

八百屋が御用聞きに回る時代だから、一度食べた人が、「このあいだのトマトがおいしかったから同じものが欲しい」と言ってくれる。作り手の誠意が伝わるから、品物を見なくても信頼して買ってくれる。

作っていたのは「大型福寿」という品種で、現在、人気の「桃太郎」が登場するまで主流だったファースト系。昭和十年代に愛知県で初めて試作された品種で、果肉が厚く、ゼリー部分が少ない。しかも皮は柔らかく、酸味と糖度のバランスがよいのが特徴だ。しかし栽培が難しい上に、先端がツンとがっていることから流通にも気を使わねばならない。一時は作る人がほとんどいなくなってしまったが、「昔ながらのトマト」として懐かしがる人が多く、産地でも見直されている。

ところで昨今は、夕顔やトウガンにスイカ、カボチャにキュウリなどを接ぎ木する栽培方法が主流になっている。台木に接ぎ穂を接げば根は病気に侵されにくく、地上には接穂した植物の実がなる。トマトの栽培も例外ではない。こうした方法は、病害にかかるのを防いだり、収穫量を増やすために行われるが、消費者は知らないうちに、本物ではない作物を食べさせられていることになる。

しかし農家にしてみれば、農作物を病害から守ることも、収穫量を増やすことも切実な問題だ。消費者にとっても、農薬をかける回数が減るという安心感の増大につながるので、一概に否定もできない。本来の栽培方法や味覚にこだわるか、新しい栽培方法の利点に目を向けるか。生産者は選択肢を増やして、消費者の判断を仰ぐ立場にある。生産者のエゴの押しつけになってしまってはいけない。

供出量が足りずに苦労

どんな戦争も社会を疲弊させるが、戦後の食糧不足は戦中の比ではなかった。戦前におよそ四十万石（玄米一石は一五〇キログラム）あった神奈川県内の米の生産量は、一九四五（昭和二十）年には、くず米を入れても三十二万石に落ち込んだ。

私の家ではかつては米もかなりの量を作っていた。しかし戦中、戦後を通じて米は過重な供出の対象とされ、一生懸命作っても足りない農家が少なくなかった。占領下の四六（昭和二十一）年二月には「食糧緊急措置令」が発せられ、供出を完了しない農家には家宅捜査を行い、米の強制取り立てをするという強権発動も行われた。しかし、県内の農家は十四万石の米を供出し、十九万石の配給を受けるありさまだった。

同年にできた食糧調整委員会が、翌年、農業調整委員会に改められ、私の父精一が委員長として供出の手配をしていた。この委員会は供出に関する市町村長の諮問機関と位置づけられたものである。

川崎市宮前区の野川近辺は田んぼが多く、米の供出量はなんとか賄えたものの、小麦が足りないことが何度かあった。農業調整委員長だった父は知恵を絞り、市内の宮崎の農家から闇麦を購入して供出量の不足を補うように話をつけてきた。それを月のない闇夜に、オート三輪で受け取りに行かされたことを覚えている。

こうした中、四七年十二月にＧＨＱ（連合国軍総司令部）から「農民解放に関する連合国軍総司令部覚書」が出された。後の農地改革の方向性を示したものだが、これに先立ち、市町村農地委員会の選挙が行われ、川崎市内では稲田、柿生、生田、向丘、高津、宮前、橘、川崎の六つの地区に、地主三人、自作農二人、小作農五人からなる農地委員会が設置された。

農家を苦しめた供出制度は四八年に事前割当制になり、四九年ごろには農地改革もほぼ完了した。農産物の統制も徐々に解かれて、昭和二十年代に果実、そ菜、芋・菜種、雑穀、麦の順で撤廃された。私が旧制中学を卒業してトマトやニンジンを作り始めたのはそんな時代だった。その一方で、農家が過酷な供出制度の苦しさから完全に解放されたのは五五

キャベツ畑で精を出す（1947年）

年以降、従来の供出制度が緩和されて予約売り渡し制度になってからである。

私の父の精一はとにかく仕事が丁寧で、水田の畦《あぜ》もまっすぐにきっちり作った。私の仕事ぶりを「お前のやることは荒っぽくて見ていられない」としかり、「あいつはろくなものはつくれない」と嘆いていた。

石橋を叩いて渡るような性分の父にすれば、トマトのハウス栽培を始めたとたん、葉カビで全滅させるような息子のやり方が危なっかしく見えたに違いない。トマトの苗をがっちり育てるために、「夜冷育苗」という方法を試してみたときも、父とは意見が対立した。しかし、私の試行錯誤を頭ごなしに否定する父ではなかった。その結果、父子の間で自然に分業が成立し、父は水田の稲や芋類、私はトマトやニンジン作りに精を出すようになっていったのである。

父にはもうひとつ、感謝しなければいけないことがある。家内との縁談が持ち上がったとき、篤農家として知られていた家内の父は、わが家の水田や畑を検分にやって来たらしい。父が丹精込めた農地をみて、「この家になら嫁にやってもいい」と思ったそうだ。もしも私がやっていた畑だけを見ていたなら、見合い以前に壊れた話かもしれず、父が私たち夫婦を結びつけてくれたことになる。父は私の仕事が雑で早いと文句を言ったが、手をかけるべきところはきちんとやっていることをわかってくれていたのだと思う。

わが家の水田の多くは第三京浜の玉川—川崎間が開通する一、二年ほど前、昭和三十年代の後半に埋め立てて畑地化され、その後は宅地になっている。

川崎に十農協が誕生

戦後、農地改革などによる農業の民主化政策と表裏一体の関係で進められたのが、農業会に代わる農業団体の設立だった。農業を基盤とする組織には、農会（農業会の前身）、農事組合、産業組合の三つがあった。農会は技術指導や農産物の自主統制を担当する組織である。これに対して地域を単位とする農事組合は、農事改良の実行、農家経済の発展、文化・生活の向上などを目的としていた。

内容がよく似た産業組合との違いは、産業組合が組合員の出資、有限・無限責任など法的義務を持つ登録団体であるのに対し、農事組合は法的規制を受けない団体であることだ。しかし、農会は戦時下で解散して「農業会」に改組され、農産物を収用する統制団体となっていた。

戦後、GHQ（連合国軍総司令部）は農業会が農業に対する統制力を通じて、戦争遂行に加担したという見地から、直ちに「農業団体法」の改正に手をつけた。ところが農地改革が比較的速やかに進んだのに比べて、「農業協同組合法」の成立には、八次に及ぶ法案改正と二年近い期間がかかった。

一九四七（昭和二十二）年十一月にようやく成立した「農業協同組合法」は農協の自由な設立が建前だったが、現実には強力な行政指導が行われた。「農業団体整理法」によって戦後の農業会を解散する以前に新農協を設立して、各種事業に空白期間を生じさせないための配慮からだったようだ。その結果、法案が成立した四七年十一月から翌年八月までの約九カ月間に、全国各地に新しい農業協同組合が続々と誕生した。

この際、制定されたのが「協」を図案化した円形の「農協マーク」。九二年にJAの愛称

ユニフォームの上にジャケットをはおり、
野川青年会の野球の試合に向かう（1953年）

を使い始めるまで農協のシンボルマークとして親しまれてきたものだ。

神奈川県内では従来の百四十七農業会に代わって、その四倍以上にあたる六百五十を超える新組織が誕生した。川崎市では宮前、橘、高津、向丘（後の川崎市中央農協）、稲田、菅、生田、柿生（後の川崎市多摩農協）、川崎南部、川崎の十農協が誕生したのである。

旧宮前・橘農業会が解散して成立したのが、宮前農協と橘農協、向丘高津農業会が解散して成立したのが向丘農協と高津農協で、六百八十一人の組合員でスタートした宮前農協が規模の上では大きかった。

また、五一年七月には、農業委員会法が制定され、農地委員会、農業調整委員会、農業改良委員会を統合した農業委員会が発足している。

しかし農家を継いだばかりの私は新生の農協にはさほど関心がなく、身近な青年会の活動などに力を入れていた。農協とかかわりができたのは、五四年に野川東部生産組合長を務めたこと。それからその翌年、宮前農協の五代目組合長の持田栄吉氏が、川崎市議選に出馬するときに選挙応援をしたことぐらいだった。

「多摩川梨」の復興

昭和三十年代は川崎市内の都市化が急速に進んだ時期である。中規模農家層が減少して零細農家が増え、耕地面積の縮小傾向が強まり、昭和四十年代初頭の専業農家の割合は、農家全体の四分の一程度に低下した。

こうした都市化の進展は宅地需要の急増を招き、地価が急上昇する。農家は農地を農業以外の用途に振り向けた方がもうかるようになる。その結果、住宅や工場が増加し、工場排水や生活排水が水田灌漑《かんがい》用水路に流入し、農業環境を悪化させ、離農が進むという悪循環に陥った。

一方、川崎市は戦前から果樹作が盛んで、高津、生田、稲田あたりのナシや桃は「多摩川梨（ナシ）」「多摩川桃」として、全国的に知られ、最盛期となった一九三九（昭和十四）年の栽培面積は二三〇ヘクタールに達した。また、このころから栽培の中心は工業化が進む市の南部から多摩川上流へと移っていった。

しかし、果樹類は戦時中の作付統制令で「不急不要作物」とされ、中でも水田で栽培されていたナシは強制伐採の憂き目にあった。

そこで川崎市は戦後間もない四八年に「果樹増殖五カ年計画」を実施し、終戦直後に最盛期の六分の一にまで激減していた栽培面積は、五五年ごろには戦前の半分程度にまで回復している。残念ながらその後は漸減し、現在はおよそ四〇ヘクタールになってしまったが、田畑の減少割合に比べれば比較的緩やかといえるだろう。ナシを手がける農家は規模の大小合わせて百四十戸ほどあり、幸い後継者にも恵まれている。

川崎のナシの栽培は一六五〇年代、川崎大師河原で始まったといわれている。十八世紀末の寛政年間に盛んになり、一八九三（明治二十六）年に大師河原村（川崎市出来野）の当麻辰次郎（屋号長十郎）のナシ園で新種「長十郎」が生まれた。「長十郎」は一八九七（明治三十）年に流行した「黒星病」に強かったこともあって一挙に作付面積が拡大し、以来

「多摩川梨」といえばほとんどが「長十郎」だった。

ところが一九七三（昭和四十八）年の旱魃《かんばつ》を境に、一気に「幸水」「豊水」への転換が進み、現在はこの二種が主流となっている。まず八月中旬から「幸水」が出回り、九月になると、より大玉の「豊水」が最盛期を迎える。

今では「多摩川梨」は「宮前メロン」「中原区のパンジー」などとともに、神奈川の農産物ブランドに指定されている。しかも生産量の九割が宅配で、庭先販売においても七割が固定客という人気商品だ。

小さい面積で高収入を得なければ、都市農業は継続できない。その点、希少でおいしいという「ブランド化」に成功した「多摩川梨」はＪＡセレサ川崎の優等生といってもいい。優れた栽培技術を持つ生産農家の努力の賜物《たまもの》だと思う。四月中旬、桜と入れ替わるように白い花が一斉に咲き始めるナシ畑の美しさは、都市農業のシンボルでもある「多摩川梨」の、もうひとつの魅力だと思う。

農協と歩調を合わせて

戦後の農業の民主化政策の一環として進められた農協設立の流れの中で誕生した川崎・宮前農協は、一九四八(昭和二十三)年二月四日の設立総会で誕生した。高津地区の他の三農協もこの年に相次いで誕生している。これはちょうど私が旧制浅野綜合中学校を卒業した年にあたり、つまり農業人としての私の半生は、地元・川崎の農協の歴史に重なっている。

宮前農協は高津地区の四つの農協の中では組合員も出資金も群を抜いて多かった。それでも農作物の加工事業の不振や不良在庫を抱えて赤字からスタートし、利益計上までに三年を要した。そして五三年には共済事業を開始し、五五年には川崎市公金収納取扱店の指定を受けた。その後も、そ菜の暴落、旱魃《かんばつ》、台風など紆余《うよ》曲折はあったものの、設立から十一年目の五八年の貯金残高は一億円の大台を突破した。

この後の貯金の増加は目覚ましく、六三年には十億円、六九年には五十億円を超えた。こうした状況は他の三農協もほぼ同じで、昭和四十年代に入ると、橘農協は三十億円台、

1960年、ニンジンの品種改良に取り組んでいた頃の宮前農協

高津農協と向丘農協は二十億円台の貯金残高を保有して、それぞれ地域の金融機関として経営基盤を固めつつあった。

この時期、六六年には東急田園都市線の溝の口―長津田間が開通し、六八年には東名高速道路が開通して、川崎インターチェンジが開設されている。つまり、各農協の経営基盤の確立は、のどかな農村地帯だった宮前地区の急速な都市化と耕作面積の半減という、大きな代償と引き換えに達成されたものだった。

当時の私は一農家として農協と付き合っていただけだが、振り返ってみればこの時期こそ、私が生涯でもっとも真剣に農業に打ち込んだ時期である。良いトマトを作るために知恵を絞り、労を惜しまず、おいしいニンジンを作るために種を厳選して改良を重ねた。

ある日、ニンジンの選定に夢中になっている私に母が不思議そうに言った。

「あんなにニンジンが嫌いだったあんたが、まさかニンジンを作るようになるとは思わなかったねえ」

確かに子どものころの私はニンジンの青臭さが大きらいで、母がどんなに上手に料理してくれても一切口にしなかった。しかし旧制中学の軍事教練で北富士廠舎《しょうしゃ》の合宿に連れて行かれたとき、食事のおかずはニンジンばかり。さすがに食べないわけにはいかなかったが、そのせいでますますきらいになった。

ところがひょんなことで出合った五寸ニンジンはそれまでの長ニンジンほど青臭くなく、比較的食べやすかった。だから、「これを改良すれば、もっとおいしいものが作れるかもしれない」。そう思った。

ニンジンぎらいが作った「小泉冬越五寸」の種苗登録を認められたのは七一年。くしくもこの年、高津地区の四農協は大きな転換期を迎えていた。

時限立法で農協合併

昭和三十年代、神奈川県内では農協の基本的な体質改善策として「合併」が意識されるようになり、一九五八（昭和三十三）年、全国に先鞭《せんべん》をつける形で津久井郡農協が誕生した。その後の六一年には、五年間の時限立法として成立した「農業協同組合合併助成法」が合併に拍車をかけ、県下では百七十七あった総合農協が九十三に再編された。

しかし、この時限立法期間内での合併実現は都道府県によってかなりの差があったため、時限立法の三年間の延長が決まった。なんだか「平成の大合併」に右往左往した昨今の市町村合併とよく似ているようだが、この時点での最終リミットは六九年三月末日とされたのである。

川崎市でも市内十農協による「合併推進協議会」が設置され、リミットぎりぎりのタイミングで、稲田、菅、生田、柿生の北部四農協が合併し、「川崎市多摩農業協同組合」となった。この時点では高津地区の四農協（橘、宮前、高津、向丘）の合併は見送られることになったのである。

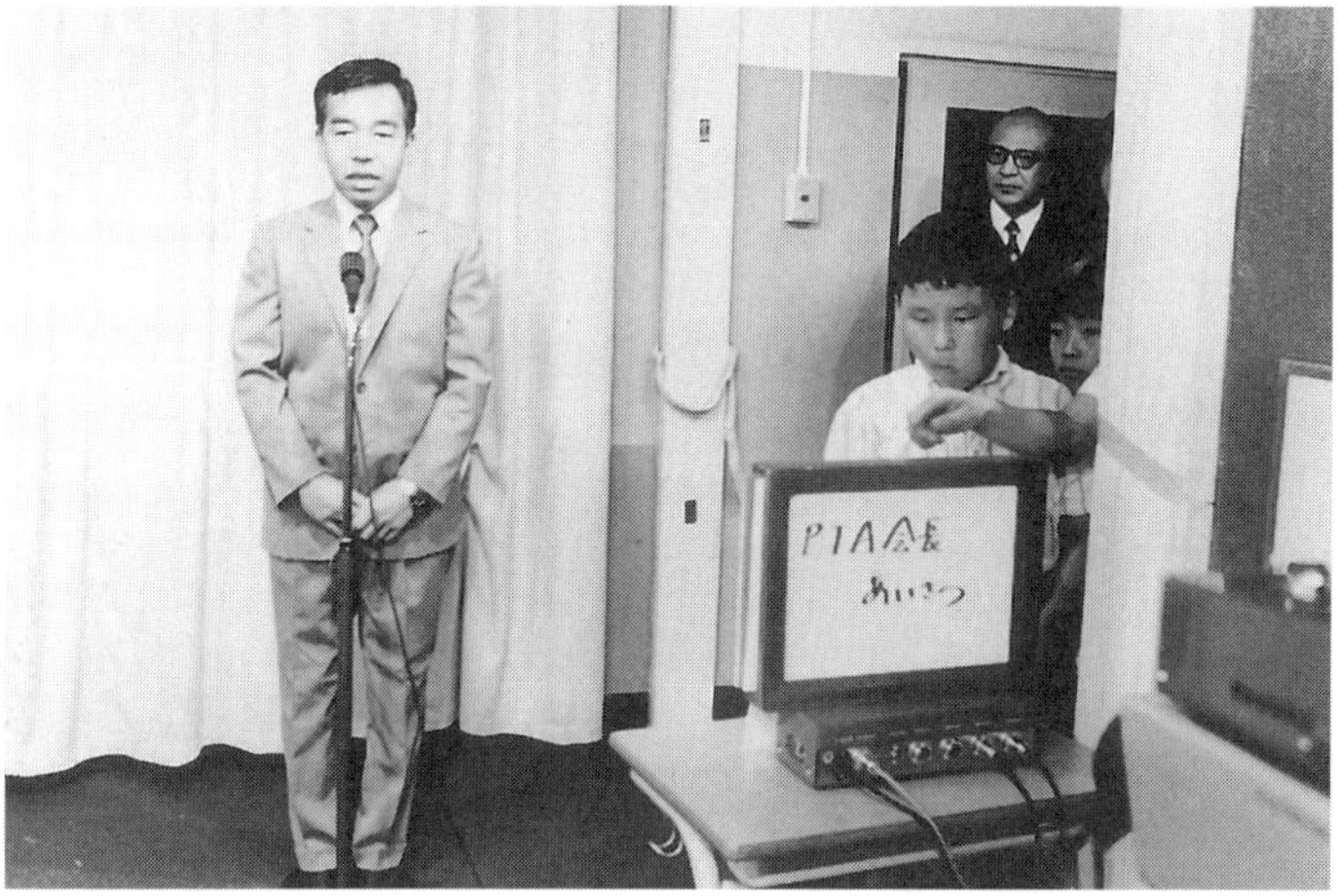

野川小学校の校内放送でＰＴＡ会長として挨拶する（1971年ごろ）

しかし、合併助成法は再度の改正により、七一年度末まで延長されることになった。この結果、ようやく高津地区での合併構想が具体化し、当時、川崎市議で元宮前農協組合長だった持田栄吉氏を会長とする「川崎市中央地区合併推進協議会」が設立されたのである。

協議会の設立から基本構想案の策定まで約三カ月、合併予備契約の調印までほぼ五カ月というあわただしさの中、七二年二月十六日、橘、宮前、高津、向丘の四農協がそれぞれ臨時総会を開催し、既存農協の解散と合併が可決された。そして同年四月一日、新たに「川崎市中央農業協同組合」が誕生し、合併協議会の会長を務めた持田栄吉氏が初代組合長となった。

合併効果を享受するためにも、新たに誕生した農協の執行体制は少数精鋭が望ましいはずだが、ご多分に漏れず、初年度は旧農協の役員全員が就任した。その結果、理事は四十八人、幹事十三人の大所帯。職員は二百三十二人でのスタートとなった。

このころの私は野川小学校のＰＴＡ会長。農協の合併に関心がなかったわけではないが、これも時代の流れ、当然の成り行きだという思いしかなかった。私の関心はもっぱら子どもたちの臨海学校や夏休み中のプール開放、トマトやニンジンの出来ばえに向けられていたのである。

ところが七三年、合併二年目を迎え、二代目組合長となった柏木武男氏のもと、理事二十六人、幹事五人という新体制に刷新された新農協から理事就任の要請を受けた。理事といっても非常勤で、月一度の役員会に出席すればいいだけだといわれ、ごくごく軽い気持ちで引き受けたのである。まさか、それからわずか三年後に、常務理事という重い役どころが回ってこようとは夢にも思っていなかった。

支店の増強に力を注ぐ

合併で誕生した直後の川崎市中央農協は、当初は組合長、副組合長二人、専務、常務四人の八人を常勤としたが、二年目以降は正副組合長と専務、常務の四人の常勤体制となった。私は一九七六（昭和五十一）年六月、四十六歳のときに常務理事に就くことになったのである。

野良着に長靴で土や肥料と格闘していた人間が、背広にネクタイ、革靴で定時出勤するのだから、慣れるまでは本当につらかった。ニンジンやトマトを選ぶ目はあっても、煩雑な書類や、貸借対照表の見方はほとんどわからない。先輩の尾幡長治氏や、同級生で農協勤めの先輩である青木静夫氏にあれこれ教わりながら、ひとつひとつ覚えていくしかなかった。

しかし、いちばんつらかったのは、それまで丹精込めて育ててきたトマトを人任せにしなければならなくなってしまったことだ。毎日手塩にかけてきた農作物に、目が行き届かなくなったことだ。

農家の後継ぎとなって二十数年がたち、自分としてはそれなりの「篤農家」のつもりだっ

川崎中央農協常務時代（右端　1976年）

たのに、これではまったくの「駄農」に落ちぶれてしまう。ところが現実は、そんな悩みも吹っ飛ばしてしまうほど忙しかった。

というのも当時、柏木武男組合長は現職の川崎市議会議員、井田順登副組合長は神奈川県共済農業協同組合連合会の専務を兼任していた。当時は「兼業兼職禁止」という縛りがなかったのである。しかも、中村資雄専務は健康が優れなかった。このため、総会では「常勤役員四人のうち一人しかまともに働けないような状態でどうするつもりか」という批判も浴びたが、「四人のうち一人でも、小泉が若くて元気だから大丈夫だろう」ということで一件落着。なんともおうような時代だった。

そんな事情で、新生合併農協の実質的な舵《かじ》

取りを任された私がこの時期に力を入れたのは、各支店の増築や改修だ。合併当時の支店は橘、子母口、宮前、野川、鷺沼、宮崎、高津、向丘、菅生、上作延の十店舗だったが、このうち、昭和三十年代に建てられたものが四店舗あった。段差のある玄関を上ると、昼間でも薄暗い店内。高くて威圧的なカウンター越しに職員が応対する。冬には石炭ストーブが焚かれ、二階の広間には折りたたみの卓球台があって職員の息抜きの場になっていた。

そこでまず野川、宮崎、子母口支店を増築し、菅生支店を移転新築したほか、向丘、橘、宮前支店の大規模改修を昭和五十年代の半ばまでに完了した。

昭和四十年代後半からの十年間で、旧高津区の人口はおよそ二十二万人から二十九万人に急増している。この時期に支店の増改築を行うことは、利用者数の増大に伴う取引量や事務量の拡大に対処するためにも欠かせない設備投資だったが、最大の目的は利用者の利便性を高めることにあった。

この手法は後に川崎市の四農協(川崎市中央、川崎市多摩、川崎、川崎信用)が合併して、JAセレサ川崎が誕生した際も踏襲したが、貯金量の増大など、予想以上の効果を生むことができたと自負している。農協としての自己完結性の確保や経営基盤の確立はもちろん大事だが、地域に受け入れられるためには「器」も大事である。

また、当時の支店運営会議での提案を受けて、各支店や経済事業センターに「投函箱《とうかん》」を設置した。大岡越前の「目安箱」ではないが、組合員や利用者の声を集めて、機関紙『ちゅうおう農協』に「声の連絡箱」として掲載した。手続きの順番待ちに番号札を利用することや、窓口に老眼鏡を備えておくサービスなどは、いずれもこの「声の連絡箱」から生まれたものである。

川崎市が政令指定都市に

宮前、橘、高津、向丘の四農協が合併して川崎市中央農協が誕生した一九七二（昭和四十七）年、川崎市は政令指定都市に移行し、川崎区、幸区、中原区、高津区、多摩区の五区が誕生した。

合併当時、中央農協管内の農家は千四百五十四戸あったが、このうち、農業以外の収入が半分以上を占める第二種兼業農家が千百二十六戸に達していた。専業農家はわずかに百二戸で、農家全体の七パーセントに低下した。特に旧高津農協管内ではわずか八戸を残すのみだった。しかも経営規模の縮小は年々進み、水田が減って果樹園等が増加していた。

阿部孝夫・川崎市長（右から２番目）と農協まつりの
品評会出品物などを見る（左から２番目　2005年）

七三年には川崎市の人口が百万人を突破し、急激な都市化の進行によって、新農協の事業内容も大幅な変革を求められることになった。そこでまず合併を契機に、旧四農協が独自に行っていた「農業まつり」を管内で一斉に開催し、地域住民との親交を深めることに力を入れた。どの会場でも、野菜や鶏卵、植木、盆栽などが飛ぶように売れ、回を重ねるごとにバザー、模擬店などが登場するようになった。さらに婦人部の民謡、小中学生のブラスバンド演奏、カラオケコーナーなど、盛りだくさんの内容で、地域恒例の祭りとして定着していったのである。市民に農家の苦労や収穫の喜びを味わってもらうための「市民農園」「市民果樹園」の川崎市第一号が誕生したのもほぼ同時期、七三年度のことである。

その一方、農協管内の業態別組織では地域の一般市民に市街地農業への認識を深めてもらおうと、七五年度から「川崎市中央農協春の園芸まつり」をスタートさせた。この園芸まつりはほどなく春秋二回の開催となり、農業まつり、体育祭と並んで、「農協の三大祭」と言われるようになった。

私が川崎市中央農協の常務理事になったのは、こうした時期のことだ。それまでの三年間は、理事といっても非常勤だから、月に一度の会議に顔を出す程度。農作業にはまったく影響はなかった。晴耕雨読とまではいかなくても、「富士山に雲が乗ると風が吹く」「七つ下がりの雨は止まない」など、その日の天気や土のご機嫌をうかがいながら、おいしいトマトやニンジン作りに精を出していればよかった。

ところが七六年六月に常務理事に就任したとたん、状況は一変した。

ニンジンは例年、七月の野川神明社夏まつりの前に種を蒔《ま》かなければいけない。六月はその準備で、とんでもなく忙しい時期だ。しかも自慢のトマトはちょうど出荷の最盛期を迎えていた。慣れない背広や革靴を身にまとう生活のせいで体調は崩すし、畑は草ぼうぼうになる。それでも見よう見まねで理事職をこなし、六年後の八二年六月には副組合長の重責に就くことになったが、ちょうどその年、発足から十年目を迎えた高津区の人口増加に対処するため、宮前区の分区問題が浮上した。

覚えている人は少ないかもしれないが、実はこの分区に際して忘れられない一騒動が持ちあがった。

宮前の分区で一騒動

一九八〇年代初め、川崎・高津区からの宮前区分区に際し、市が示した分区案は、私の地元である野川地区の一部を分断するものだった。

野川は室町時代にすでに「野川村」という一村として存在していた。江戸時代に上野川村、下野川村に分かれた時期もあるが、一八七五（明治八）年に一村に戻り、一八八九（明治二十二）年に宮前村が誕生した際に大字となった土地だ。歴史的にひとつの地区としてやってきた野川が、高津区の野川と宮前区の野川に分かれるのは納得できないという声が多数を占めた。

なんとか、野川をひとつの地域として、どちらかの区に統一するよう、市議会議員や議

農地税制改正を巡り、高山一夫県農協中央会長（右から２番目）と陳情に赴く（右から３番目　1981年）

会に陳情を繰り返した。時には市議会の傍聴席に陣取って野次を飛ばし、当時の議長から「三回騒いだら退席を命じる」とクギをさされたこともある。

しかし、そんなことを繰り返していても一向にらちが明かないので、強硬手段を取ることにした。市長と直談判するしかないと思ったのだ。正確な日にちは覚えていないが、早朝、職員が出勤する前の川崎市役所を取り囲んで、抗議の意思を表したのである。およそ五百人が「必勝」と書いた鉢巻きを用意し、三々五々の現地集合で市役所を包囲した。スピーカーやメガホン、プラカードや幟《のぼり》の類は一切なく、そろいの鉢巻きをした群衆が気勢を上げるでもなく、ただ静かに、じっと立っている様子はかえって異様だったと思う。

事の重大さを慮《おもんぱか》った川崎市側は、市役所の包囲網を解いて速やかに産業文化会館（現教育文化会館）に移動するよう求めてきた。その提案に従って五百人が会館の大ホールに入って鉢巻きをはずし、伊藤三郎市長らが現れるのを待った。ほどなく市長はじめ、関係局長らがそろって現れ、交渉はスムーズに進んだ。「分区の境界線について、市が住民の意向をあらためて調査する」という答えを引き出したことで、当面の目的は達したのである。

それから間もなく分区案の是非を問う文書が野川一帯の対象家庭に郵送され、七割以上が宮前区に入りたいという意思表示をしたと聞いている。しかし、その後の事務手続きや議会決議の過程で、なぜかこの問題はうやむやになってしまった。古くから住んでいる人はともかく、どちらの区になってもいいという住民が少なからずいたことも確かだ。手続きに時間がかかっている間に、反対運動が下火になったのも仕方のないことだったろう。

けっきょく一九八二（昭和五十七）年、高津区から新たに宮前区が分区する形となり、分区事業は従来案どおりに成立した。同時期に麻生区が多摩区から分区して、川崎市は現行の七区体制になったのである。

新しい区名の「宮前区」は、明治時代に町村制が施行された時に、現在の宮崎、宮前平、土橋、鷺沼、梶ヶ谷等を含む一帯が「宮前村《みやさき》」となったことに由来する。それよりも古い時代には、馬絹神社や梶ヶ谷神社の近くが「宮の前」と呼ばれていたそうだ。分区では「宮前」という表記のみを継承し、読みやすいように、読み方を「みやまえ」としたものである。「みやさき」という地名そのものは「宮崎」として別に残ることになった。

私の祖父はかつて野川小学校の廃校に反対し、当時の橘樹《たちばな》郡長を西福寺に軟禁状態にして直談判に及んだという。宮前区分区に伴うこの抗争は、わが家の隔世遺伝のＤＮＡの成せるわざだったのかもしれない。

第三章　県議と農協の二足のわらじ

請われて県議選に出馬

川崎・宮前区の高津区からの分区は、また別な形で私の人生の転機となった。というのも分区の翌年の一九八三（昭和五十八）年四月の県議会選挙に出馬することになったからである。

分区前の高津区には、小川栄一氏、斉藤雄輝氏という二人の自民党県議がいたので、分区に伴い、自民党内部ではどちらか一人が宮前区から出馬するように、内部調整が行われたようである。調整役となったのが、自民党の高津支部長だった安藤勇さんだ。しかし結果的に調整はうまくいかず、宮前区から独自に候補を立てることになったのだが、何とその役が私に回ってきた。新しくできた宮前区という限定された地域で、ある程度、顔を知られている人物ということから、農協の役員だった私が選ばれたのだと想像するしかない。

私にとっては降ってわいたような話だったが、父の精一は病気で倒れた後で、出馬について意見を聞ける状態ではなかった。その父の介護をしていた母のマツは、「みなさんがそう仰《おっしゃ》るならやってみなさい」という立場で、家族からの反対は特になかった。親戚一同が集まった会議では、むしろ少数ながら出馬に乗り気な人物がいて、消極的な他の人たちは押し切られたような形になった。また、当時の私は川崎市中央農協の副組合長だったので、農協の理事会で出馬の賛否を諮ったところ、この際、出馬すべきだという意見が大勢を占めた。

こうしてようやく出馬が決まったのは八二年の九月のことだ。新しく誕生したばかりの宮前区の定員は二人。翌年の四月に行われる選挙までわずか半年、事情が事情だったとはいえ、完全な出遅れであったことは否めない。しかも現職の県議会議員と市議会議員に、まったくの新人が挑む構図になったのだから、選挙までの期間を考えても状況はかなり厳しかった。

しかし、立候補に至った経緯を考えてか、安藤勇さんが後援会長を、小学生時代の同級生の小倉知さんが副会長を引き受けてくれたのである。

同級生といっても私は野川分校の出身で、本校の宮崎小学校の児童と一緒に授業を受けたことはない。小倉さんは本校の出身である。それまでは本校と分校とでは同窓会も別々に開催していたが、私の選挙を機に合同で同窓会を開催するようになり、それが現在も続いている。

分区の結果、私の家は高津区との境界線に近い、宮前区のはずれに位置するようになってしまった。選挙区で分けると高津区在住の同窓生も多いが、それぞれが宮前区の知り合いに声をかけるなど、みんなが親身になって応援してくれた。小学校の卒業から四十年がたつというのに、同窓生、同級生とは本当にありがたいものである。

それから選挙戦では女性軍の働きがモノをいう。その点では自民党宮前支部婦人部長だった伊藤イヨさんの支援も非常に心強かった。川崎市中央農協宮前支部の婦人部長だった吉田マサエさんは、選挙区が違うにも関わらず、後援会の女性部長を務めて、農協を挙げて支援するという意思表示をしてくれた。

県議時代の討議用パンフレットの表紙

このように人々の支援体制には手厚いものがあったが、選挙用に作ったポスターでは、私の顔が笑っていて不謹慎だと批判された。当時のポスターは重厚なしかめっ面が常道とされていたのである。

「出遅れ」と「経験不足」という二重苦のなか、不安でいっぱいの選挙戦がスタートしたのである。

五〇〇〇票差でトップ当選

一九八三（昭和五十八）年四月の県議選が、私自身の初めての選挙である。それまで他人の選挙応援はしたことがあっても、自分のこととなると勝手が違い、とまどうことばかりが多かった。

告示から投票まで、実質的な選挙運動は九日間。父は半身不随で療養中。母もすでに高齢だったため、家内は外出すらままならなかった。それでも大学生だった息子の真人が事務所に何度も顔を見せてくれたのは、そうした家族を代表して応援しようという気持ちがあったのだと思う。

選挙事務所は川崎・宮前区の東急田園都市線・宮前平駅の近くに借りたが、野川の自宅にも近所の人たちが手伝いに来てくれた。最初は仕出しの弁当を取っていたが、家から作っていったおむすびが好評で、以後の食事はもっぱらおむすび。そして母から家内へと受け継がれた小泉家の味、「けんちん汁」などが用意された。

そして選挙事務所には袋詰めのニンジンの山。手伝ってくれた人たちへの心づくしとして、私の自慢のニンジンを用意していた。ニンジンは「人が参る」すなわち、人が集まるという意味もあり、選挙にとっては縁起のいいものである。

こうして九日間が無事に過ぎ、事務所に戻った午後八時。私は長いようで短かった選挙運動が終わったという安堵感もあり、「絶対当選すると思う」と言って安藤勇後援会長をいたく怒らせてしまった。私としては、「皆さんにこんなに一生懸命やっていただいたのだから、これで当選できないはずがない」という意味だったのだが、責任感が強い安藤後援会長にすれば「まだ選挙は終わっていない」のだ。

確かに投票を明日に控えた新人候補者が軽々に言うべきことではなかった。しかし四月十一日の開票日、結果は幸いにもトップ当選で、二位当選者に五千票もの差をつけることができた。

この選挙を機に、私は県議会という未知の世界に向かうことになった。篤農家という自負心を捨てて取り組んできた農協の仕事については、結果的に回り道をすることになったが、農協役員に就任したときほどの抵抗は感じなかった。それは自分自身のための選挙を初めて経験したことで、自分が本当に大勢の人に支えられていることを実感したからだと思う。

私は通算三度の県議選を経験したが、選挙戦は常に苦しいもので、いろいろな人に世話になった。中でも、当初、後援会の青年部副部長を務めてくれた小泉昭男氏、農協の野川支店長だった矢沢博孝氏の支援にはとても感謝している。

小泉昭男氏は早くから、小石の培地に栄養素の水溶液を流す礫耕《れきこう》栽培に取り組むなど、農業の面でも非凡な面を見せていたが、川崎市議五期を経て、二〇〇四（平成十六）年から参議院議員となった。カット野菜を考案した柔軟な発想力、人を引き付ける話力を発揮し、今後も国政の場で活躍してもらいたい。

また、あふれるバイタリティーゆえに「重戦車」「ブルドーザー」という異名を取った矢沢博孝氏は一九九一年に川崎市議となり、二〇〇五年から市議会議長を務めた。

元第六十二部隊所属の陸軍中尉で、帰農隊として宮前で酪農などを営んでいた中尾治夫氏（故人）も私を応援してくれた一人だ。中尾氏は釣りが大好きで、魚も器用にさばく腕の持ち主だった。川崎市議として姉妹都市のオーストラリアのウーロンゴン市を訪ねたときも大きな魚を釣り上げて、ホテルのバスルームで裸になってさばいてみせたというエピソードが残っている。

また、市議時代を通じて多摩川にコイ科の魚「マルタウグイ」を復活させる活動に取り組み、多摩川の浄化に大いに貢献した。中尾氏のおかげで復活した「マルタウグイ」は多摩川再生のシンボルといってもいい。選挙のシーズンが近づくと、いつも頭にハンチング、腰には手ぬぐいというでたちで、干したマルタウグイをぶらさげながら、個人演説会に現れた姿が思い出される。

「韋駄天」にあやかる

一九八三（昭和五十八）年四月、初めて県議選に出馬するにあたり、家の近くの川崎・野川神社で出陣式を行った。

この神社は明治初期に野川村の総鎮守である韋駄天《いだてん》社と、付近に点在していた小さな祠《ほこら》を合わせて「神明社」としたのが始まりで、正式には「野川神明社」という。祭神は「韋駄天走り」の語源となった韋駄天様で、神々のお恵みを光のような速さで走って送り届けてくれると言われている。選挙戦の出遅れを取り戻すには、うってつけの神様だった。

昭和二十年代前半は付近に民家もほとんどなく、折々の祭祀《さいし》の際は、私がオート三輪で神主を迎えに行き、わが家で着替えをしてから神社へ行って神事を執り行うのが習わしになっていた。

例大祭などの大きなお祭りのときは、地方巡業の芝居の一座が興行をする。ところが化粧を落とす設備がないため、青年会の有志がわが家の風呂おけを神社の裏まで担いで行き、水おけで水を運んだ。それをよしずで囲って、臨時の風呂をたてて役者さんたちが変わりばんこで利用したのである。

思えば野川神明社とは長い付き合いで、大事にしてきたという自負もある。そのおかげか、選挙戦では韋駄天様のご利益があったらしく、幸い、出遅れを取り戻して余りある支援をいただくことができた。

この年の投票日は四月十一日。即日開票の翌日が私の五十三歳の誕生日だったから、それまでの生涯で、いつにも増してうれしい誕生日祝いとなった。

四年後の八七年、二期目の出陣式はやはり家の近くにある影向寺《ようごうじ》で行った。影向寺は七四〇（天平十二）年、聖武天皇の命を受けた僧・行基によって創建されたと伝えられ、「関東の正倉院」とも呼ばれる古刹《こさつ》である。しかも近年の発掘調査の結果、創建年代は白鳳時代末期（七世紀末）まで遡ることが明らかになった。ちなみに私の家がある高台は、古くから「影向寺台」と呼ばれている。

毎年十二月の十一、十二日の二日間にわたって開かれるお祭りは「影向寺のまち」と呼ばれ、三里（一里は約三・九キロ）四方から大勢の人たちが集まってきた。本来は「市」なのだろうが、町のようににぎやかなので「まち」と呼ばれていたのだと思う。今では人が集まりやすい祝日の十一月三日に小じんまりと開催されているが、往時の賑わいぶりは麻生の木賊不動尊のだるま市、東京の世田谷区のボロ市などにも見劣らないものだった。

私の母のマツは横浜市都筑区勝田の出身だが、子どものころ、馬車で何度も「影向寺のまち」に遊びに来たことがあるという。当時の感覚では、まさかこんな遠くへお嫁に来るとは思わなかったそうだ。

大正から昭和初期にかけては特ににぎやかで、農家向けの金物屋や植木屋、子ども向けの縁日や屋台、芝居小屋や見世物小屋が興行し、綱島や新丸子の芸者衆が三味線を弾いて華を添えた。露店をかける金物屋や植木屋がわが家に泊ることもあり、選挙の時にも評判になった「けんちん汁」を喜んで食べていた。

ある露天商の大将は、「ここのけんちん汁があんまりうまいんで、帰ってからかみさんに作らせても同じ味が出せない」と言いながら、何杯もおかわりをしていた。母の腕前もさることながら、採れたての野菜で大人数分を、たっぷりの大鍋で作るからこそ生まれる滋味のようなものがあるのだと思う。

また、寺の前の畑を「まちばたけ」といい、この時期はあえて作物を作らないで、小屋がけや出店のために空けておく。どの家も農作業をこの日までに終えて、二日間は完全に遊んで楽しむことになっていた。

この日を待ち、適齢期の男女を第三者が引き合わせる「見合い」も盛んに行われた。世間が狭く、出会いの少ない時代だけに、この「影向寺のまちの見合い」で結ばれた夫婦も地元には大勢いたものだ。

川崎市の宝、影向寺

川崎・宮前区の影向寺《ようごうじ》は寺に伝わる縁起では、天平時代の創建とされてきたが、近年の発掘調査の結果、柱跡や古瓦の様式などから、七世紀末の白鳳時代末期まで遡ることが明らかになった。しかも単に由緒が古いだけでなく、御本尊の薬師如来座像、脇侍の日光・月光菩薩《ぼさつ》は一九〇〇（明治三十三）年に国宝の指定を受けている。

大戦中は戦禍を避けるため、せめて御本尊だけでもと思い、百四十センチほどの高さの薬師如来を何度も防空壕《ごう》に運び込んだ。おそらく野川の人々は、千年以上もそうやって、このお寺と仏様を守ってきたのである。

ところが戦後、日光・月光菩薩にカビが生えたことがわかり、東京国立美術館に修復を依頼することになった。こちらは立像なので、薬師如来よりも背が高く、高さが百七十センチほどある。それを毛布にくるみ、トラックに積んで運んで行ったのだから、ずいぶん乱暴なことをしたものだ。幸いにも処置が早かったため、二体とも往時の姿を取り戻し、現在は薬師如来ともども、影向寺の収蔵庫に安置されている。

一九八三（昭和五十八）年十二月の定例県議会で、県議当選後、初めての一般質問に立った私は農政問題、教育問題とともに、影向寺薬師堂の修復を提案した。影向寺の薬師堂は床が高く、子どもがもぐり込んで遊ぶには絶好の場だった。縁の下のアリ地獄を掘り起こしては、当時の加藤照尊住職に「お堂が倒れてしまうぞ、このバチ当たり！」と怒られたものだ。

加藤住職は私の父の精一と仲が良かった。住職は小学校の先生で、身長一九〇センチの巨漢。父は男としてはかなり小柄で、その二人が並んで酒を飲んだり、釣りをしている様はなかなかユーモラスだった。年齢は父の方がかなり上だったが、この凸凹コンビはよほどウマが合ったようだ。

改修された薬師堂

私は子どものころの罪ほろぼしの気持ちもあり、県議になったら真っ先に影向寺薬師堂の修復を実現したいと強く思っていたのである。

当時の薬師堂は一六九四（元禄七）年の建立で、一九七七年に県指定文化財となっていたが、三百年近くを経た堂宇は傷んでいた。幸い、私の提案や関係者の諸活動が認められ、八七年七月から「昭和の大改修」が始まった。そして足かけ三年、薬師堂はほぼ元禄建立時の威容を取り戻した。創建伝説を信じれば、一九九〇年が影向寺の開基千二百五十年にあたり、さまざまな記念行事が予定されていたため、これに間に合ったことも幸いだったと思う。

また、解体修理に伴う発掘調査で、創建当時の堂宇が現在の薬師堂とほぼ同じ位置に建てられていたことなども判明し、影向寺の歴史の解明にも役立った。影向寺にはほかにも、十二神将立像、聖徳太子立像（ともに川崎市重要歴史記念物）などの貴重な仏像が伝えられている。

影向寺三尊を国宝に

影向寺薬師堂改修は果たせたが、残念なのは、当初、国宝に指定されていた三尊（薬師如来、日光・月光菩薩）が、一九五〇（昭和二十五）年の文化財保護法の施行により、「重要文化財　木造　薬師如来両脇侍像」に格下げされてしまったことである。

平成十九年三月現在、神奈川県所在の国宝は十九件あるが、このうち彫刻は鎌倉高徳院の「銅造　阿弥陀如来坐像」一件だけ。つまり、鎌倉の大仏様のみである。もっとも最近になって、称名寺（横浜市金沢区）で八八年に発見された木造の大威徳明王像が、納入品

影向寺の三尊

の記載等から鎌倉時代の仏師、運慶の作と確認されており、これはおそらく国宝に指定されるのではないだろうか。

それはさておき、国指定の重要文化財は県下に三百二十九件あり、このうち彫刻は七十件。しかし川崎市に限ると重文が十三件で、彫刻は影向寺の三尊像の一件だけである。

どっしりとした本尊はケヤキの一木造で、伏し目がちな細い眼が慈愛に満ちた柔和な表情を醸し出している。ややスマートな両の脇侍もサクラの一木造で、その作風から制作年代は十一世紀後半と推定されている。

確かに中央の著名な仏師の作ではないかもしれないが、地方色ともいえる荒削りな素朴さは、いかにも田園地帯で長年守られてきた御本尊にふさわしい。年代的にも関東地方の平安彫刻としては出色の存在であり、三尊一具の制作だと確認されれば、その価値はなおさら高まるだろう。

川崎市にとってかけがえのない宝であるこの三尊を国宝に戻すのは、私の積年の夢でもあるが、このたび、心強いパートナーを得ることができた。川崎市観光協会連合会会長の斎藤文夫氏である。

斎藤氏は神奈川県議としては私の先輩にあたり、県議、同県議会議長、参議院議員時代を通じて川崎市の地域振興に尽力されてきた。一九九八(平成一〇)年に参議院議員を辞された後は川崎市の文化振興をライフワークとし、市民参加型の「大川崎(宿)祭り」などを成功させて、国土交通省の観光カリスマに選定されている。

また、二〇〇一(平成一三)年には、地域の観光資源として役立てるために私財を投じて、「砂子の里資料館」をオープンさせた。旧東海道に面した自宅の一部をなまこ塀をあしらった江戸風の建物に改築したもので、四〇年かけて集めてきた貴重な浮世絵コレクションを無料で公開する場となっている。

川崎市は集客施設はあるものの、観光資源が乏しく、東京と横浜の中間にあるという地の利がほとんど活かされていない。川崎市観光協会連合会も、従来は市役所内に事務局を置いていたが、観光振興を実現するために行政から独立、民間人を登用することになった。その初代会長に誰もが適任だと名を挙げたのが斎藤氏である。

川崎市には歴史的、地理的に地域間交流も少なく、地区観光協会が十ヵ所に置かれていながら、これまで宮前区には観光協会すらなかった。しかし、斎藤氏は連合会長に就任すると、各地区観光協会の活性化と連合会の自立化に尽力され、観光協会空白地区だった幸区では二〇〇四年九月に観光協会が設立された。

私も斎藤氏に協力し、二〇〇七年度前半に宮前区の観光協会を立ち上げ、区内の観光資源を掘り起こしていきたいと考えている。宮前区の観光資源の目玉にするためにも、川崎全市民の声を結集して、影向寺の三尊を国宝に戻す気運を盛り上げていきたい。

小泉純一郎首相と私

私の名前を見て誰でも考えるのは、「小泉純一郎首相」との関係だろう。残念ながら縁戚《えんせき》関係は一切ないのだが、政治の世界に脚を突っ込んでからは親しくお付き合いをさせていただいてきた。常に本音をはっきりと口にされ、軸がぶれない点は、政治家として非常に尊敬している。

小泉首相の衆議院議員初当選は一九七二（昭四十七）年十二月だから、ちょうど川崎市中央農協が誕生した年の年末だ。

農協の役員時代の私は、選挙には積極的にかかわってはいなかったが、当時は川崎と三浦半島が同じ中選挙区の時代。私自身は小泉先生を応援していた。

直接、言葉を交わすきっかけとなったのは、やはり八三年の県議選に立候補が決まった際、出馬の挨拶《あいさつ》に行ったのが最初だったと思う。まだ四十一歳だった小泉先生は、若くてすがすがしい印象だった。そして、選挙戦に出遅れた私のために、快く選挙応援に足を運んでくださった。

八三年といえば、二〇〇七年と同じ亥年で、統一地方選挙と参院選とが同時に行われた年である。五月に日本海中部沖地震、九月に大韓航空機の撃墜事件、十月に三宅島の大噴火が起きるなど、世相も慌ただしい年だった。そしてロッキード事件の裁判で、田中角栄元首相に懲役四年の一審判決が出たのが十月で、その十二月に衆議院議員選挙があった。

私は新米県議ながら、小泉先生の応援をさせていただいた。小泉先生はゆうゆう当選されたが、この選挙で自民党は公認候補で過半数割れという惨敗を喫した。追加公認を加えてようやく過半数を確保したものの、予算委員会で委員長を除いても与党で過半数を占めるためには、新自由クラブとの連立を選択せざるを得なかった。そして第二次中曽根内閣が誕生したのである。

私が県議を務めていた三期の間、衆院選と県議選が同年に行われたのはこの八十三年だけだ。以後の二回はいずれも前年に衆院選があった。そのため、衆院選挙は終わったばかりだというのに「小泉一郎後援会事務所」の看板や「小泉一郎」というポスターが張られるため、小泉先生は周囲から「小泉さん、もう選挙ですか」と声をかけられたそうだ。

「純一郎と一郎だ。よく見てくれ」と説明する一方で「県会は一郎、衆議院は純一郎というのは語呂がいいだろう」と笑い飛ばしていたというエピソードをうかがい、ますます器の大きい人だと思うようになった。

小泉先生は七九年の第二次大平内閣で大蔵政務次官を経験されているが、初入閣を果たしたのは八八年十二月の竹下改造内閣の時だ。その日、私は小泉先生の部屋を訪ね、入閣要請の電話がかかるのを一緒に待っていた。

綿貫民輔衆議院議員もその場に居合わせて、「純ちゃんがいつも間違えられると言っていたのは君のことか」と声をかけてくれたものである。

小泉先生と綿貫先生は非常に親しい間柄だったし、それを知っている人も大勢いる。それが二〇〇五年の「郵政解散」であんなにきっぱりと袂《たもと》を分かってしまったのだから、まさに政局は「一寸先は闇」の世界だ。

「南線」の客線化を訴える

県議会議員に初当選した一九八三（昭和五十八）年から三期の間に、私がもっとも力を注いだのは、武蔵野南線の客線化である。

「武蔵野南線」とは、横浜市鶴見区の鶴見駅から、千葉県船橋市の西船橋駅までを環状に結ぶＪＲ東日本の武蔵野線のうち、鶴見駅（実際は鶴見信号場）から府中本町駅（東京・府中市）までの間のことだ。この路線は現在、大船・鎌倉方面へ向かう臨時の団体列車などが通ることはあるものの、実質的には貨物専用線となっている。

川崎市の鉄道網は、東西に細長い市域内から東京都心へ向かう東海道線・京浜東北線のＪＲ線、京浜急行、東急東横線・田園都市線、小田急線などの私鉄は複数あるものの、内陸部と沿岸部を直接結ぶ路線は南武線のみだ。この偏った鉄道網が、円滑な都市活動を阻害している。

そこで影向寺《ようごうじ》薬師堂の改修問題と同時期、一九八三年十二月の定例県議会における初質問で、貨物専用線となっている武蔵野南線に客車を乗り入れるとともに、川崎駅まで延伸することを提案したのである。

私のこの質問に対して、長洲一二知事は「川崎市が県の中核都市としての自立性を高めるためには、南武線に加えてもうひとつの縦貫線が欲しい。県としても運輸政策審議会に対して、縦貫方向の鉄道網の整備、既設線の輸送力の増強、貨物線の有効活用などの要望を継続する」と答えられた。

この答弁に意を強くした私は長洲知事の理解や先輩議員の助言もあり、「国鉄武蔵野南線への客車乗り入れ等の実現に関する意見書」を作成し、八四年二月の定例県議会で全会派の議員の賛同を得た。これを田島信雄県議会議長の名で、中曽根康弘総理、細田吉蔵運輸相、田川誠一自治相、国鉄（現ＪＲ）にあてて提出したのである。

実のところ、川崎市を縦貫する地下鉄構想は七〇年代の初めからあり、八四年末の川崎市議会では十五年〜二十年先の完成を期待していた。しかし総事業費六千億円ともいわれる地下鉄新設は難しく、時間的にもそんな悠長なことは言っていられない。そこで八五年六月の定例県議会でも同じ問題を取り上げて、県としても運輸政策審議会への働きかけを強めるよう求めた。

そして同年七月九日、「国鉄武蔵野南線への客車乗り入れ等の実現に関する陳情書」を、山下徳夫運輸相に提出した。

タウン誌・高津新聞（現・多摩川新聞）に掲載された武蔵野南線・客線化運動

この陳情書には小泉純一郎衆議院議員を筆頭に、川崎市議の小島隆氏、中尾治夫氏、田辺美光氏ら、地域にゆかりのある人たちが名を連ねてくれた。しかも、当日の陳情団は私と小島市議ら六人だったが、小泉純一郎衆議院議員も同行してくださった。

新米議員でありながら、一期目四年間の任期中に四度も質問の壇上に立ったのは、過去最高だったそうだ。もちろん、自分の立脚基盤である農政や農産物自由化問題はじめ、教育問題などにも言及したが、一貫して武蔵野南線の客線化を訴え続けたため、「南線バカ」「南線野郎」と呼ばれるようになってしまった。

運輸審議会の答申

国鉄（現ＪＲ）武蔵野南線の旅客転用について、私たちが待ちかねていた運輸政策審議会の答申が出されたのは、一九八五（昭和六十）年七月十一日のことだった。運輸政策審議会は、運輸大臣（当時）の諮問機関。その後の省庁再編に伴い、現在は国土交通省の交通政策審議会がその任を果たしている。

その二日前、山下徳夫運輸相に陳情に行った際に、旅客転用を示唆する含みを持つ言葉をいただき、文書で要請した杉浦喬也国鉄総裁からも「レールが存在する限りは最大限活用していかねばならない」との見解を得ていた。それだけにこの答申を心待ちにしていたのである。

この時の第七号答申は、八二年九月の「東京圏における高速交通網の整備に関する基本計画について」という諮問に対する答申で、東京圏の鉄道整備計画の具体的な路線や整備計画を示したものだ。

県内関係では、横浜市営地下鉄の一・三号線の延伸と四号線の新設、みなとみらい21線の新設、京浜急行電鉄久里浜線の延伸、相模鉄道いずみ野線の延伸、東京急行電鉄東横線の複々線化などが盛り込まれた。そして「貨物線の旅客線化」として、「日本国有鉄道武蔵野南線　府中本町―新川崎―川崎」と明記され、小田急線新百合ケ丘から武蔵野南線への接続線を整備することとされた。

これには、それまでの計画に盛り込まれていた百合丘―大師河原間に地下鉄を新設して川崎縦貫高速線とする川崎市の計画が「新規路線としては採算性に難がある」として削除されたことに対する配慮もあった。新百合ケ丘から武蔵野南線へのアクセスを確保して「縦貫」の形を整え、既存の武蔵野南線の旅客化で対応しようとする、きわめて合理的な考え方だと思う。

当時の読売新聞が組んだ「武蔵野南線特集」によると、同線の年間の臨時列車通過は五十本を超える一方で、貨物列車の運転は半減しているとの報道があった。この記事を見た私たちは、旅客線化に対する障害は漸減しつつあると意を強くしたものだ。

ただし、旅客化費用は地元負担が前提との一文が付加されていたし、運輸省の地域運輸局長からも、「駅舎などの建設に必要な六百～七百億円の資金は川崎市に負担してもらいたい」と言われていた。この負担は軽くはないが、総事業費六千億円と見積もられていた地下鉄新設に比べれば一割程度で済むことになる。地元の長年の夢の実現に一歩、近づくことができたと思ったものだ。

しかし、計画はなかなか動き出さない。私はその後も、ＴＶＫ出演時や定例県議会で客線化を訴え続け、八九年二月二十二日には、小泉昭男市議や住民代表らとともに、佐藤信二運輸相、亀井善之運輸政務次官、地元選出の小泉純一郎厚相らに計画の早期実現を陳情した。

鎌倉まで「南線」に試乗

東西に三十三キロ余の広がりを持つ川崎市にとって、縦貫交通路線の整備は急務であると考えた私は、一九八七（昭和六十二）年二月の定例県議会で、武蔵野南線の客線化、および川崎市縦貫道の整備について質問した。八六年十一月に成立した国鉄改革関連法案による国鉄民営化が、武蔵野南線の客線化にどんな影響を及ぼすのかが懸念されたからである。

長洲一二知事からは前向きな発言をいただいたが、実現への動きは鈍く、八七年六月に基本計画が策定されて、建設に向けてスムーズに動き出した横浜市のみなとみらい21線とは対照的だった。

だからといってあきらめるわけにはいかない。八九年二月の陳情では、佐藤信二運輸相から「百二十万川崎市民の足として使えるよう検討する」、亀井善之運輸政務次官からは「運政審の答申で平成十二年に向け旅客化に努力する旨の方向付けがなされている」という賛意の言葉をいただいた。

その一方、旅客化の実現には地元住民の理解と協力が必要だと考え、九二年六月二十日に、武蔵野南線の試乗会を行ったのである。

参加者は私の後援会員を中心とした約五百人。小泉純一郎衆議院議員も加わって、ＪＲ中央線の西国分寺駅から、横須賀線の鎌倉までの列車の旅を楽しんだ。西国分寺駅から府中本町までは通常の武蔵野線。多摩川を渡って地下にもぐり、京王相模原線の稲城駅の南でいったん地上に出る。

再び地下にもぐると、よみうりゴルフ倶楽部の東の端をかすめ、小田急線生田駅南、生

小泉純一郎衆院議員（当時）、後援会員たちと武蔵野南線を試乗（1992年）

田緑地の南端、東名高速道路川崎料金所、宮前区役所の北側を通過する。そして厚木街道（国道２４６号）と交差するように地上に出たところが、武蔵野南線の存在をもっとも認識しやすい梶ヶ谷貨物ターミナルだ。県道尻手黒川線を越えて地下にもぐると、あとは武蔵小杉駅まではほぼ東へまっすぐ進んでいく。

武蔵小杉駅を過ぎると地上に出て、新鶴見操車場の中の貨物線を走る。やがて横須賀線が頭上を越えてゆくと、今度はすぐに東海道本線を乗り越えて一番海側の線路を走り、鶴見駅付近で合流する。後は戸塚駅の先で横須賀線に入り、一路鎌倉を目指すのが「武蔵野南線」の旅程である。

武蔵野線は山手貨物線の代替線として計画されたものだが、沿線の開発が急激に進んだため、貨物専用線では住民の理解を得られないとの判断から、急きょ、旅客営業を行うように計画が変更されて、七三年に開業したものである。したがって南線部分も将来の旅客線転用を前提に、交差する各線の既設駅の近くを通過するように敷設されている。しかも臨時列車が随時走っている以上、定期的に客車が走ることに何の問題もない。もちろん試乗会は非常に好評だった。

その後、南線の客線化が実現に至らなかったのは、さまざまな要因が重なったためと考えられる。現在では軌道を所有しているＪＲ東日本株式会社や貨物輸送を運行するＪＲ貨物鉄道株式会社ともに貨客併用化は困難だという立場だし、二〇〇〇年の運輸政策審議会答申第一八号では、南線の「貨客併用化構想」そのものが除外されてしまった。

代わって全線新線による整備が位置付けられたものの、計画変更や着工延期を余儀なくされている川崎縦貫高速線（市営地下鉄）よりも、経済性も実現性もずっと高いはずだったと今でも思っている。

国体開催とゴルフ場問題

私が武蔵野南線の客線化にこだわったのは、何よりも既存インフラを活用して経済的負担を軽くしつつ、できるだけ早期に、川崎市域の交通網を充実させるべきだと思っていたからである。

私がそういう持論を繰り返し訴えていた県議一期生のころ、一九九八（平成十）年の第五十三回国体が神奈川県で開催されることが決まった。本県では一九五五（昭和三十）年以来、二度目の開催となるものだ。そこで、神奈川で四十三年ぶりに開催される国体のメーン会場を川崎市北部に誘致する、つまり宮前区と多摩区にまたがる地域として、それと同時に武蔵野南線の客線化を実現すればいいと考えるようになった。

そうこうしているうちに八七年四月、県議の改選時期がやってきた。実はこの年の三月、しばらく寝たきりになっていた父の精一が他界したばかりで、気持ちの上では非常に苦しい選挙だった。

しかも当時の第三次中曽根内閣が提唱した「売上税」の導入問題に対して世論はことの

ほか厳しく、八七年の統一地方選で自民党は惨敗を喫してしまった。そんな逆風下ではあったが、幸いにも地元の皆さんの支援を受けて、二期目の議席を得ることができたのである。

そして八八年十二月の定例県議会で私は、県内のゴルフ場問題を念頭に置きつつ、川崎市の生田緑地にある「川崎国際カントリー倶楽部」を移転させ、その跡地に神奈川国体のメーン会場を誘致したいという私案を提示した。

当時の川崎市には二つのゴルフ場があった。ひとつは多摩川河川敷にある川崎リバーサイドゴルフ場で、建設省の外郭団体が運営する準公営ゴルフ場。もうひとつが川崎市の生田緑地の一角にある「川崎国際カントリー倶楽部」だった。

「川崎国際」は川崎市と川崎林園株式会社との間に締結された生田緑地施設一部委託経営契約によって運営されてきたもので、当初は五一年四月から十年間の経営委託契約だった。ところが五六年の都市公園法施行に伴い、川崎市は六七年六月にゴルフ場の建物撤去とゴルフ場用地の明け渡しを要求した。この訴訟は十七年の長きに及んだが、両者は八四年五月に東京高裁の和解勧告を受け入れて、九一年末をもって川崎市に全面的に明け渡すことが決定していた。

一方、明け渡しに合意した川崎国際側は、八八年二月の県議会で、県内他地域への移転を希望する陳情を行っていた。神奈川県は七三年以来、県内のゴルフ場建設を凍結してきたが、長洲一二知事は、八八年度内には凍結継続か、一部解除かの結論を出したいとしていた。

私は公共性の強い団体にはゴルフ場の建設を認めるべきだと考えていたし、川崎国際の場合は、新設や増設ではなく「移転」である。いきなりの凍結解除は難しくても、代替ゴルフ場の建設なら、県内のゴルフ場の数は増減しない。跡地も市民のために有効に活用できるという確信があった。

国体主会場誘致は果たせず

川崎国際カントリー倶楽部の移転が実現すれば、ゴルフ場を含む九五・五ヘクタールを、川崎市民のために使うことができる。

川崎市はゴルフ場の返還後の利用について、当面はゴルフ場、将来は「生田緑地利用計画審議会」の答申を尊重するとしていた。その審議会の方針は、生田緑地は市民共有のかけがえのない公共財産であるという基本認識の上に立ち、自然への回帰の場、文化創造的活動の場として位置づけるというものである。

私が定例県議会で質問に立った一九八八（昭和六十三）年末時点では、十年後の神奈川国体のメーン会場はまだほとんど白紙だったが、県の国体準備室では、二〇ヘクタールの土地が必要だと試算していた。生田緑地ならゴルフ場の跡地だけで五〇ヘクタールの市有地があるわけで、駐車場の分を含めても十分な広さがあった。

「川崎国際カントリー倶楽部」の跡地に国体のメーン会場を誘致することは、審議会の方針にもかなうものだったと思う。

しかも生田緑地は東名高速の川崎インターからわずか十分たらず。田園都市線、小田急線ともに至近距離にあって交通の便もいい。そして私の念願だった武蔵野南線の客線化を同時に実現すれば、利便性はさらに増す。なにしろ、武蔵野南線は生田緑地の、川崎国際の真下を通過しているのだから、メーン会場に隣接して駅を作ることも可能なはずだった。

工事中だった東京湾横断道路や川崎縦貫道路との連絡を考えれば、これ以上の立地はないと思えた。何よりも、国体会場として整備されれば、当時不足気味だった少年野球やソフトボールの練習場、試合場の充足にも役立つと考えられた。

しかし、けっきょくのところ、九八年の「かながわ・ゆめ国体」は横浜国際総合競技場をメーン会場として開催された。

特に十月二十四日の秋季大会の開会式は、史上最高の五万人が見守る中で行われる盛況。しかも松坂大輔投手を擁した横浜高校が、春夏の甲子園大会、明治神宮大会、そして国体と史上初のグランドスラムを達成し、県民がこぞって盛り上がる国体となったのである。

川崎市内でも等々力・富士見庭球場（テニス）、川崎グランドボウル（ボウリング）、川崎市体育館（バスケットボール）、川崎球場・川崎市等々力野球場（軟式野球）、川崎市とどろきアリーナ（ハンドボール）などで競技が行われたが、いずれも川崎区か中原区ばかり。高津区以北はまったくカヤの外と言ってもよく、川崎市の南北格差はこんなところにも現れている。

結局、川崎国際カントリー倶楽部は、九二年に「川崎生田緑地ゴルフ場」というパブリックコースに生まれ変わった。また現在の生田緑地には、四千株を超えるばら苑《えん》、藍《あい》染めが体験できる伝統工芸館、プラネタリウムを備えた川崎市青少年科学館などがあり、九九年十月には川崎市岡本太郎美術館も開館した。

こうして振り返ると、残念ながら、私の提案は何ひとつ実現しなかったことになるが、現在の姿には安堵《あんど》している。唯一、県議生活三期十二年間に及んだ私の葛藤の痕跡とも言えるのは、生田緑地の一画を占める日本民家園の一部に、わが家の旧宅の一部が移築されていることぐらいだろう。

二組の親子の思い出

私は県議時代、武蔵野南線の客線化や、一九九八（平成十）年に実施された「かながわ・ゆめ国体」のメーン会場の川崎誘致に真剣に取り組んだ。しかし結果が伴っていない以上、徒労に終わったといわれても仕方がない。

それでは私は県議として地元に何も貢献しなかったと誤解されそうだが、初当選以来の私の信条は、「信頼と合意」である。政治家の使命は、政治に対する信頼を保ちつつ、国民の気持ちに沿った政治改革を行うことである。特に地方政治は地元住民の身近な生活に重点を置くべきだと思って行動した。

具体的には一九八六（昭和六十一）年四月の宮前警察署の開設、郵政大臣時代の小泉純一郎衆議院議員への陳情が実って、宮前郵便局（本局）の開設へ道をつけたことなどがあげられる。そうした地道な活動を地元の人々が見ていてくれたからこそ、九一年四月の県議選で三選を果たすことができたと思う。

二期目だったか三期目だったか、まだ携帯電話のない時代のことである。宮前区の富士見台小学校の開票所に詰めていた関係者が、開票状況を見誤って苦戦と伝えてきた。当確発表を待っていた支援者一同がシュンとして、事務所中が暗い空気に包まれた。まもなく誤報だとわかったが、選挙は本当に下駄を履くまでわからないと肝を冷やしたものだ。

県議会の内部にはいろいろな委員会があるが、私は厚生常任委員会、心身障害児対策特別委員会、資源消費対策特別委員会、公害対策審議委員会、農政企業常任委員会などに加わった。

厚生常任委員時代で記憶に残っているのが、八五年六月、川崎市内でダンプに接触して両足を骨折した少年が、病院に駆けつけた父母が宗教上の理由から輸血拒否を申し出て命を失った事件である。親権と生命、医療現場における医の倫理と患者の権利など、信仰や生命にまつわる複雑な問題を投げかけた一件だった。

両親の信仰の篤さを否定する理由は何もないが、人間の生命への執着は本人のみが知ることである。たとえ親であれ、何人であれ、生命にかかわるほどの緊急の場において、受療の度合いを制限することはできないと思う。

この事件の後、私の家の庭に風船が落ちていた。埼玉県の少女が飛ばしたもので、「拾った人は手紙をください」というメッセージが添えられていた。

半信半疑で出した手紙にきちんと返事が来て、しばらく文通が続き、そんな縁から、当時開催されていた横浜博覧会の招待状を送ったことがある。後日、少女の父親からも丁寧な礼状が届いたが、親にはこうやって、子の自主性を尊重しながら、その成長を見守っていく義務と責任がある。

両親の輸血拒否を甘受した病院は後日、「緊急な場合に限り、生命を尊重する立場から、本人、保護者が反対であっても、医師の責任で輸血を含む治療行為を強行する」旨を理事会で決定して発表した。非常に勇気ある判断だったと思う。

法制化や行政による指導にはなじまない問題だと思うが、昨今のように親子間の殺傷事件が起こると、なぜかこの二組の親子のことを思い出してしまう。

常任委でミカン試食

私が農政企業常任委員会の委員長を務めていた時だから、おそらく県議二期目、一九八七（昭和六十二）、八年ごろのことだったと思う。

県の園芸試験場根府川分場（現在は県農業技術センター足柄地区事務所根府川分室）から、「おいしい温州ミカンができた」という報告が上がってきた。根府川付近は県内きってのミカン産地で、海に迫る急斜面にたわわに実るミカン畑が続いている。そういう土地柄もあって、根府川の試験場では主に柑橘《かんきつ》類の品種改良や育成方法の研究に力を入れていた。

しかも委員会が開かれる室内には、報告された通りのミカンが一かご届けられていたのである。私は当然のように「食べてみよう」と言ったが、他の委員たちはとんでもないと言う。こうした委員会の場ではお茶は飲んでもいいが、食べ物は口にしてはいけないという規則があるというのだ。

「なにもミカンを食べたくて言っているんじゃない。おいしいミカンができたと言われても、それは食べてみなければわからないじゃないか」と言う私の言い分が通って、結局みんなで食べてみた。確かにおいしかった。残念ながら品種名は忘れたが、私は常任委員会でモノを食べた県議として知られるようになってしまった。

このように、議会というか議員には、どこか常識はずれのところがある。

八五年十月、八三年四月の県議選で私と一緒に川崎・宮前区から初当選した社会党の川

沖縄・摩文仁の丘の「神奈川の塔」に参拝する（1984年）

田博幸議員が亡くなられた。こういう場合は議会内の反対会派の者が追悼の弔辞を読むというのがしきたりなのだそうだ。

川田議員は私より一歳年長。三十八歳の若さで川崎市議となった人で、政治の世界でも先輩だ。しかし県議初当選が同期ということもあり、主義主張を超えて話し合える仲だった。初めて県庁に足を踏み入れたとき、川田議員が「これから地区のことは一緒にやろうや」と言ってくれた言葉が、新米議員の私には本当に心強く響いたものである。

広い議場で、黒服に黒ネクタイ姿は私と知事だけだった。そんな状況で私は心を込めて弔辞を読み、白い山ユリを献じた。志半ばで逝くつらさは他人が推し測れるものではないが、県議に転じてわずかに二年余。私自身も悔しい思いを精いっぱい、かみしめながら、語りかけるように読んだ。

人の命の尊さは沖縄県糸満市摩文仁の丘の「神奈川の塔」の前に立った時にも重くのしかかってきた。

「神奈川の塔」は南方諸地域で亡くなった県関係者四万六千八十人の戦没者を追悼して、六五年十一月二十六日に建てられたもので、毎年この日に「神奈川県南方諸地域戦没者追悼式」が開かれている。

初めて参拝したのは県議二年目の八四年。不謹慎な数え方になるが、県関係の戦没者だけで、私に票を投じてくれた人たちの倍近い人々が犠牲となっている。一票の重さを知った後だったからこそ、戦没者の多さや払った犠牲の重さを生々しく、そして尊く感じることができたのだと思う。

ベルリンの壁を訪ねて

私の県議歴は一九八三（昭和五十八）年四月からの三期十二年に及んだ。当時、県議は一期に一度、海外視察に行けることになっていたため、一期目には南米諸国を訪問した。南半球の気候や風土、文化の違いに驚かされたが、ピラニア料理を食べさせられたことが印象に残っている。

何もわからず、県議のイロハから学んだ一期目に比べ、二期目になると、少しは周囲を見るゆとりも出てきたように思われる。しかも二期目の任期は八七年四月から九一年三月。つまり、八七年末から九一年初頭まで、日本全国を巻き込んだバブル景気の時期にほぼ一致し、この間に時代は昭和から平成へと移った。

そんな最中の二期目の海外視察は八九年十月で、桐生忠一県議、小島幸康県議らと西ドイツ、スペイン、スイス、イギリス、フランスなどを歴訪した。

西ドイツではベルリンの壁を訪ねた。巨大な壁の前に粗末なパイプを組んだだけの展望台があり、そこに上って東ドイツ側を臨むと、広い川や青々とした森が見えた。その風景自体は見慣れたものとそう変わらない。

しかし武装した兵士が何人も、ひっきりなしに行き来している光景が、こちら側とは異なる世界であることを示していた。

一緒に展望台に上ったドイツ人は、私とほぼ同世代だったが、私たちが日本人だとわか

海外視察でベルリンの壁の前に立つ（右から２番目　1989年）

ると、「トーキョー」「ゼロセン」と人懐こく声をかけてきた。当時のドイツ人の日本人に対するイメージはそういうものだったのだろう。

この後、ドイツからスペインのバルセロナへ向かうパンアメリカン航空の手荷物検査はかなり厳しかった。どうやら前年の暮れに旅客機爆破事件（ロッカビー事件）が起きたせいだったらしい。

私は手荷物検査で止められ、警備員に何重にも囲まれたものものしい雰囲気の中でトランクを開けさせられた。いったい何がひっかかったのかと思ったら、日本から現地の関係者への土産として持参した虎屋《とらや》のようかんが五本。後で分かったのだが、竹皮と銀紙で包まれたようかんを手荷物検査機で見ると、プラスチック爆弾によく似ているのだそうだ。爆弾ではない証拠に包装紙を開け、「これはようかんだ」「日本のお菓子だ」と言ったがなかなか信じてもらえない。仕方がないので一本の端を切って食べてみせたところ、ようやく解放してくれた。

それから各人が自分の荷物を持って機内に乗り込むように指示されたが、どういうわけか、かばんが二つだけ余ってその場に残されていた。するとけたたましいサイレンを鳴らして警察車両がやって来たが、警官は遠目で確認しただけで戻ってしまい、その怪しいかばんは飛行機のすぐ傍らに放置されたままだった。それが本当に爆発物だったらたまったものではない。

およそ一時間半ほどたつと、係員らしき人たちが何事もなかったようにそのかばんを片付けて、飛行機はようやく飛び立った。

時限爆弾なら飛行中に爆発するようにセットされているはずなので、バルセロナまでの飛行時間を見計らい、爆発するかどうかを確かめていたのではないかと思う。本当に爆発したら、いったいどうするつもりだったのだろう。

帰国途中に行方不明!?

一九八九（平成元）年十月、県議二期目の海外視察の旅程を終えた私たちは、パリからルフトハンザ機で帰国する予定になっていた。

ところが出発間際、免税店の集まったフロアの一角で不審な黒い袋が発見されて大騒ぎになった。フロア内の店舗は全部閉められ、通路はシャッターで遮断された。空港内の通行もままならなくなり、私たちを含めた数人が予定の飛行機に乗り遅れてしまった。

ＪＴＢの添乗員の女性はよほど心細かったのか、めそめそと泣き出してしまった。そんな彼女を慰めながら、彼女の英語力を頼りに別の便を探して、ようやくドバイ（アラブ首長国連邦）経由でタイのバンコクまでは戻って来られたものの、再びそこで足止めを食ってしまった。

帰国後の予定も詰まっているし、どうしていいかわからず、東京の小泉純一郎衆議院議員の事務所に国際電話をかけて相談したところ、バンコクの大使館に連絡を取ってくれたらしい。ほどなく大使館員が駆けつけて帰国便探しに奔走してくれた。

ところがそれと入れ替わるようにキャセイパシフィック航空に空席が出て、急げばその便に乗れるという連絡がＪＴＢ関係者から入った。そこで急いで空港に向かい、そのまま飛び乗って帰国したのである。

ところがようやく帰国便を確保した大使館員がホテルに迎えに行くと、もう私たちはどこにもいない。たちまち「神奈川県議が四人、バンコクで行方知れずになった」という事件に発展して大騒ぎになった。私たちは成田空港に着いて初めてその騒ぎを知り、不慮のできごとが相次いだとはいえ、身の置き所がない思いだった。

しかも驚いたことに、帰国後間もない十一月九日、ベルリンの壁が崩壊した。その翌月にはブッシュ大統領とゴルバチョフ大統領の米ソ首脳によるマルタ会談で東西冷戦の終結が宣言され、東欧諸国の民主化は予想を超えた速さで進んだ。

「越えられないもの」の象徴だったベルリンの壁の崩壊は、東独側の「旅行自由化」の許可をめぐる、ささいな指令の行き違いに端を発したといわれている。それが、誰も予想しなかった形で壁の崩壊をもたらし、東独市民は自ら切り開いた自由世界に通じる道を喜々として歩いた。その光景をテレビのニュースで見た私は、ほんの一カ月余り前に自分の手で触ったベルリンの壁の感触を思い出しながら、強い感動を覚えたものである。

安倍晋太郎衆院議員のパーティーで（1990年ごろ）

安倍晋太郎衆議院議員にお会いしたのはこのすぐ後だったと思う。当時の安倍氏は清和会（自民党の派閥）の会長。竹下登、宮沢喜一氏と共に「ニューリーダー」と呼ばれ、自民党を担う有力政治家の一人だった。小泉純一郎議員の紹介で、安倍氏のパーティーに参加したときの貴重な写真が残っている。

安倍氏は一九九〇年一月にソ連を訪問し、二月の総選挙では自派の若手を大勢当選させて飛ぶ鳥を落とす勢いだった。しかし、その年の夏に体調を崩して入院されると、翌年の五月に逝去されてしまったのだ。

このたび、子息の安倍晋三氏が五十二

歳という若さで総理の座に着かれた。父が政治の表舞台から去って十六年、竹下内閣以後では十一人目の総理大臣となる。小泉改革の後継者として、思う存分手腕を発揮してもらいたい。

地域の少年野球を応援

県議としての活動を続けるうちに、農政に関与する度合いも増えた。一九八七（昭和六十二）年から九一年にわたる二期目には農政企業常任委員会の委員長を務めたが、本来が農家なのだから適任の役回りに違いない。

また、当時は県議と農協役員の兼職が可能だったので、私は初当選時から川崎市中央農協副組合長理事という立場にあった。当時の川崎市中央農協では、都市近郊という立地条件を生かすため、葉菜類を中心とする野菜、花、植木、果樹などの栽培に力を入れていた。

この中から、たとえば県の農業総合研究所園芸分場（現農業技術センター）で開発された生食用タマネギの湘南レッド、トマトの後作として導入された宮前メロンなどが特産品として育ち、県の「かながわブランド」、川崎市の農産物ブランド「かわさきそだち」に指定されている。

赤紫色の湘南レッドは八六年に誕生した品種で、生食用タマネギのはしりのような存在だ。普通のタマネギに比べて辛みが少なく、適度な水分や甘みがあるため、サラダ用として人気が高い。現在では川崎市のほか、小田原市、大磯町、二宮町などでも栽培されている。

宮前メロンは宮前区の有馬を中心に一九七〇年代の後半から、トマトの裏作として栽培がはじめられたものである。導入当初はあまりいいものができず、生産者は非常に苦労された。しかし試行錯誤を重ねた結果、人気の高いアールスメロン系らしい網目が美しくて香りが良いメロンができるようになった。毎年七月ごろに出荷されるが、栽培農家が少ないため、市場には出回らない。直売と地方発送に限られるため、手に入れるのが難しい幻の人気メロンとなっている。

また、宮前区には植木栽培地が多くあることから、八二年に「宮前植木の里」をスタートさせた。植木栽培地や名刹《めいさつ》や神社、果樹園などを組み合わせたハイキングコースを設定して案内板を設置したほか、園芸教室、昆虫の里づくり、植木の里まつりなどのイベントを開催している。

一方、中央農協では、地域の少年野球の後援にも力を入れていた。小学生だけの軟式野球チームである。

少年野球大会で選手にトロフィーを渡す（1985年）

この少年野球は今でも盛んだが、私が特に覚えているのは、宮前区少年野球連盟に所属する野川レッドパワーズが八五年十一月のＴＶＫ杯で優勝したことだ。

当時は宮前区に十七のチームがあり、そこで勝ち上がって、川崎市の大会でも勝ち、市の代表としてＴＶＫ杯に参加した。いわば県大会での優勝だ。野川レッドパワーズは六七年に創部された歴史のあるチームで、野川小学校をホームグラウンドにして練習している。そういうチームの活躍で、地元は大いに沸いた思い出がある。

また野川レッドパワーズ出身の佐藤典之君は、その後国学院久我山高校に進んで、九四（平成六）年の選抜高校野球大会で選手宣誓を行った。

二〇〇六年には第一回のＷＢＣで日本が優勝したことで、野球人気が復活したようにも思えたが、やはりスポーツの隆盛には底辺の拡大が欠かせないと思う。

ある人の思い出

県議に初当選してまだ数カ月もたたないうちのことだ。

後援会の役員たちと旅行に行った夜、旅館内のカラオケで、たまたま隣の席に居合わせた女性グループと、終わったばかりの選挙の話題で盛り上がった。するとその中の一人が河野洋平議員の後援会の役員で、自分は画家だと自己紹介したのである。

たいそう美しい人で、そのグループの中でも目を引く存在だったが、私はいたく彼女のことが気になってしまった。選挙の話の勢いもあったが、それでは私も初当選の記念に絵を描いて欲しいという意味のことをいうと、明日の朝、七時半には宿を出るので、その時にもう一度、話そうということになったのである。

私は約束通り、早朝に起き出して宿の玄関へ行き、出かけようとしていた彼女に名刺を手渡すと、彼女は、「本当に来るとは思わなかった」と笑った。私は、昨夜の話はほんの冗談のつもりだったのかと、少々落胆した。

しかし、彼女はほどなく自作の風景画を私の元へ送り届けてくれたのである。それから手紙のやり取りなどの付き合いが始まった。今ならさしずめ携帯メールだろうが、思いを告げるのに手間暇がかかるところがまた楽しい。

東京銀座の日動画廊で開かれる「太陽展」に出品している、彼女の作品を見に行ったりもした。絵画の話は楽しく、それまでには味わったことのない感動的なひとときであった。

それ以来、彼女に会うことはもちろん、話すことも、手紙をかくことも、楽しくて仕方がなかった。彼女も私に好意を持っていてくれたと信じている。

むろん、彼女のことは家族もよく知った上での付き合いだったが、家族への思いとは別な気持ちを意識したのも確かである。長い人生の中にはいろいろな出会いがあるが、少年のころのような純粋な心のときめきを思い出させてくれたこの出会いは、私にとってかけがえのないものとなった。

彼女はその後も私の誕生日のたびに絵を贈ってくれ、議員を辞めるときには美しいヒマワリの絵を描いてくれた。すべて私の大事な宝物である。

地域に根ざした農協へ

一九八〇年代に入り、経済が上昇基調で推移する中で、川崎市中央農協は生産組織の統合や新しい組織の拡充に取り組み、営農指導を軸とする講習会や研修会の実施、集・出荷などの流通の合理化などを意欲的に進めていった。

そうした努力を通じ、特に金融業務サービス面において、組合員以外の地域住民の利用者が着実に増大していったのがこの時期の大きな流れである。

利用者のいっそうの拡大と、利便性の向上のため、中央農協管内ではまず八〇（昭和五十五）年四月に鷺沼、高津支店に現金自動支払機（ＣＤ）が設置された。八三年になると現金自動預払機（ＡＴＭ）の導入も始まり、翌八四年には全店に拡大して、窓口業務のスピードアップが図られた。

金融の自由化も急速に進み、川崎市中央農協の貯金は八三年十二月に一千億円を達成した。ちょうど私が県議に初当選した年のことで、農協の副組合長を兼務している身としては大きな、しかもうれしい節目となる出来事だった。

八五年九月には「全国農協キャッシュサービス」がスタートし、全国の農協のどこでも貯金取引ができるようになり、利用者の利便性はさらに向上した。

また、利用者の増加が著しい田園都市線の駅周辺への店舗設置に力を入れ、八四年七月に梶ケ谷支店、八五年十一月に宮前平支店をオープンさせ、溝の口～鷺沼間の全ての駅近辺に支店を持つに至ったのである。

川崎市中央農協本店にコンピュータを導入（1987年）

七二年の四農協（橘、宮前、高津、向丘）合併以来、本店機能は川崎市農協会館（高津区久本）に置いたままだったが、八二年の合併十年を期して新本店建設の気運が高まり、同区梶ケ谷で建設に着手、八七年一月に完成した。この年の九月には本店に「農協コンピュータ」が導入され、管理業務の合理化がいっそう進んだ。

ところがこの頃のバブル景気の影

響で地価高騰が激しさを増し、都市農業は時に批判の的とされた。中には都市農業そのものを否定する人さえいた。しかし、都市というのはビルや住宅ばかりあればいいというものではない。野原や畑があって、農業と市民生活が調和してこそ、本当の都市づくりになる。

八三年に県議になった私は「農住調和」を理想としていたが、都市化が進む中での農業の継続は、非常に困難な情勢となった。

当時の農家の最大の懸念は農地をめぐる地方税法の改正、いわゆる「宅地並み課税」だった。それに反対する農家や農民が団結して起こした不当税制の撤廃運動は、結果的に都市農業の存在をクローズアップすることになった。「都市の農業は消費者の側にあってこそ生きられる」という都市農業者の主張が、生産者と消費者の一体感をはぐくむという効果を生んだのである。

それは、農協事業の現実や農協の組織活動を地域に公開して、農協が地域社会と深く結びついていく好機でもあった。

上作延で「農住調和」実現

県議と農協役員を兼務しながら「農住調和」の街づくりを模索していたところ、一九八四（昭和五十九）年、県内初となる農住組合法を適用した区画整理事業が川崎市高津区上作延で立ち上がった。

これは八〇年に施行された農住組合法に基づき、市街化区域内農地の所有者らが共同して、必要に応じて農業を継続しながら、農地の住宅地等への転換を図るために「農住組合」という組織を設ける制度だ。

具体的には面積二ヘクタール以上の土地を対象に、地区内の三人以上の営農者が組織を設立して実施する面期的整理事業である。通常の区画整理ではほとんどすべてを宅地化しなければならないが、この方法なら半分程度を農地として残すことができる。

上作延の農住組合は、対象地が四・一三ヘクタール、組合員数は十二人で、うち七人が農地所有者だ。対象地の中央が大きくくぼんだ谷状で有効な農地活用ができず、大部分が野菜畑と竹林で、個人による造成は困難だった。私は先行していた上尾市上平農住組合（埼玉県）を視察し、市の関係者と協議して、ここならやれると思ったのである。

八四年九月に組合を設立し、八八年三月に着工。営農を続けたい地権者は集合農地区、賃貸住宅を経営したい地権者は共同住宅街区へと、目的に合わせて土地を交換して、九一年三月に完成した。

結果的に農地は全体の六十パーセントから五十パーセントに減ったが、宅地は数パーセントから三十パーセント弱にまで増加し、公園や道路も整備された。営農者にとっては、農地を宅地の近くに確保できた、傾斜地が平坦《へいたん》になった、農業機械が使えるようになった―など、作業効率面でのメリットだけでなく、物納用地や担保物件の確保など、相続対策としての効果も大きい。これを機にアパート経営を始めた人も、環境の良さから空室率が低く、安定した収入を得られるといったメリットを享受している。

この成果は対外的にも高く評価され、九一年六月、国土行政功績者表彰として国土庁長官賞を受賞した。

上作延では整備事業のための合意形成、組合設立後の事務局業務、相続対策などに農協が大きな役割を果たした。完成後も農協の仲介により、地権者が共同で外壁の修理を行うなど、地域に根ざした農協として存在感を発揮してきた。山や谷があって農地として使えない土地は、ミニ開発によって効率の良くない宅地ができあがる場合が少なくない。それなら最初から農地は農地として確保しておき、それ以外の場所で優良な宅地を整備した方がいい。

都市の営農者は苦労をいとわず一生懸命やっている人ばかりだ。そういう人たちの意見をいかに反映するかが私の議員活動の大きなテーマだった。緑を守らなければいけないということは誰でもわかっている。山間部の緑を残すことより、都市の中の緑を増やす方が難しいし大切なことだと思う。

都市農業と税制問題

都市農業に携わる人々にとっていちばん大きな問題は税制問題だ。一九七一（昭和四十六）年の地方税法改正で、市街化区域内の農地を地価評価額で三段階に分け、段階的に宅地並みの税負担水準まで近づけるという改正案が実施されようとした。これがいわゆる「農地の宅地並み課税」の発端だ。

この改正案は全国の農業団体の猛反対で実施されなかったが、七四年に都市計画法に基づく「生産緑地法」が施行された。ただし、三大都市圏の「生産緑地地区」に指定されれば自治体レベルで減額措置が講じられるという玉虫色の条件が付いていたため、実際には多くの自治体で増税分を補助金で補うような仕組みが作られて、結果的に骨抜きになった。

再び課税強化の方針が盛り込まれた八二年改正案が表面化すると、全国で激しい反対運動が起きた。改正案のだいたいの内容が伝わった八一年初頭から署名運動とカンパが始まり、八月の川崎地区総決起大会では千二百人が中原会館に結集した。九月には県総決起大会が行われ、五千人が東京・日比谷野外音楽堂から四キロをデモ行進し、「天下分け目の決戦」といわれた。

当時の私はまだ県議出馬前で、川崎市中央農協の専務理事として、県下の他の農協代表とともに国会議員への陳情などを繰り返した。

その結果、課税基準は厳しくなったものの、九百九十平方メートル以上の土地で農業を営み、市町村長が向こう十年間農業を続けるのが適当と認める農地（長期営農継続農地）については、農地課税を認める特例が設けられた。実際には五年が経過した時点で見直されるため、五年ごとに農業を継続すべきかどうかを営農者自身が主体的に判断できる。私はこの制度は非常に良い仕組みだったと思う。

宅地並み課税反対のデモ行進

ところがバブル期の地価暴騰のあおりで、九二年に生産緑地法が改正された。「市街化区域内農地」は宅地並み課税に、「生産緑地」は農地課税とするもの の、三十年間の営農継続が義務づけられるという厳しいもので、農業ができなくなった場合に限り、自治体に対して買い取り請求ができることになった。

しかし法案成立から施行までが拙速にすぎたため、農協の説明会は不安を抱えた農家の人たちであふれかえった。疑問点を行政側に問い合わせても、担当者が満足に答えられない有様だった。しかも生産緑地を申請するかどうかは、最終的には個人の選択に委ねられることになった。

この変化の激しい時代に、三十年後を見通せと言われても難しい。自治体買い取りといっても、結局は自分の手を離れてしまうのではないか。小泉さんはどうするのか。県議なら何か情報があるのではないか。そんな問い合わせが相次いだ。

私も散々考えた末に生産緑地を申請したが、その判断の正誤はまだわからない。固定資産税に加え、今後の相続税もからんでくるからだ。

地価に見合う収益を上げられない農地に宅地並みの税率を課する背後には、あぶく銭を生む離農促進、宅地確保という思惑がやすやすと透けて見える。しかし、それが当たり前のようにまかり通ってしまったのが、バブル期の農地税制改正だ。私は県議・農政企業常任委員として自分なりの「農住調和」の実現を目指してきたが、その前にはいつも高い税制の壁が立ちはだかっていた。

第四章　セレサ川崎の誕生と成長

県議を勇退し合併へ本腰

農協の事業は、組合員の生産物を販売し、生産に必要な肥料・農薬・機械や食品などを供給する購買事業を合わせた経済事業、営農活動や健康管理を支援する指導・相談事業、貯金、貸し付けなどを行う信用事業、組合員の生涯保障を確立する共済事業の四つが柱となっている。こうした農協事業は昭和四十年代後半までは順調に伸張したものの、五十年代に入ると停滞の兆しが見え始め、中でも信用事業の経営悪化に悩む農協が増えた。

多くの農協は信用事業の黒字により営農指導等に必要な予算を補ってきたが、金融自由化の影響や有価証券への投資リスクなどにより、信用事業の収益悪化を招くケースが続出したのである。また、兼業農家の増加による地域連帯性の弛緩《しかん》などといった農業・農村の構造変化や金融ビッグバンに備えるためにも、組織の再編や整備が必要だと考えられるようになった。

農協はもともと、各市町村に一組合～数組合という規模でスタートしている。成立の経過からも国政との関係が深く、行政単位と農協の組織範囲が一致していることが合理的でもあった。そのため、一九五〇年代に市町村合併が進んだ後の六一年に農協合併助成法が施行され、多くの農協合併が行われた。しかも、この助成法が延長して施行されたことで七〇年代にも各地で合併が進み、川崎市中央農協も七二年に誕生している。

この時期には農協自体が事業上の必要に迫られ、行政範囲を超えて広域合併したケースも多い。事業規模の過小性や収益性の悪化を、合併という手段で解決しようとしたわけだが、農協組織そのものの効率化は後回しにされた感があり、いずれ行き詰る要因を内包したままだったともいえる。その結果、農協は三度目の合併ブームを迎えることになったが、その特徴は、単位農協が金融自由化に適応するために合併することである。

日本の農協組織は原則として、事業ごとに全国―都道府県―市町村という系統三段階制となっており、効率的な組織運営を阻害していた。そこで農協の総合審議会（全国農業協同組合中央会＝ＪＡ全中＝会長の諮問機関）は、一九九一（平成三）年にすべての事業を原則として二段階制に移行することとし、都道府県ごとに再編案の策定が始まった。具体的には全農（全国農業協同組合連合会）と県連の統合、一県一ＪＡへの移行などの形態が考えられ、共済事業では二〇〇〇年に全農と都道府県連合会が統合された。

その結果、連合会の組織再編が進み、県によっては農協数が一ケタ、場合によっては奈良県や香川県、沖縄県のように、一県一農協まで合併を進めたところもある。

神奈川県農業協同組合中央会では、九一年当時三十六組合あった県内の農協を七組合に統合する方針を打ち出した。これを受けて九二年七月には「川崎地区農協合併研究会」が設置され、市内の農協の合併が論議されるようになった。ちなみに全国の農協が「ＪＡ」という愛称を使い始めたのも同じ九二年のことである。

川崎市内の農協は昭和四十年代に一度合併を経験したが、市内の四農協（川崎市中央、川崎市多摩、川崎、川崎信用）をあらためてひとつにまとめるのは大変な難事業である。そうした時期、川崎市中央農協の井田順登組合長から私に、県議を勇退して合併事業に専念してほしいという依頼があったのである。

こうした場合、議員の進退は一人で決められない。後援会に諮ったところ、県議会議長を務めるまで県議を続けてはどうかという意見もあったが、農協事業こそ私のライフワークだという思いが私を突き動かした。そこで後援会の青年部長などを務めてくれていた持田文男氏を県議の後継者となるよう説得し、私自身は次の県議選には出馬しない意志を固めたのである。

そして九四年六月、県議在職のまま、川崎市中央農協代表理事組合長に就任して、合併事業に本腰を入れることになった。

県議時代、後援会との付き合いのため、年に二度だけやっていたゴルフを本格的に始めたのもこのころだ。東富士カントリークラブ（静岡県）の会員になり、打ちっ放しの練習もまじめにやるようになった。五十の手習いならぬ、六十歳を越えての新たな挑戦だった。

エーゲ海で泳ぐ

県議を三期で辞す決心をし、ゴルフに取り組み始めた一九九四（平成六）年の春、珍しくプライベートでチェックメイトカントリークラブ（松田町）に行った。好天に恵まれたお彼岸のころだったと思うが、同行した娘二人の前で格好をつけて走ったのがいけなかった。丘陵コースで、それほどアップダウンがあったわけでもないのに、思わず足に激痛が走った。

肉離れを起こしてしまったのである。しかし自分ではたいしたことはないと思い、そのままプレーを続けて、全ホールを回ってから聖マリアンナ病院に駆け込んだ。その時は大事には至らなかったが、なぜ早く来なかったのかと医者にしかられた。

確かにこういうけがは、後になって痛みが出ることが多い。この年の七月に出かけた県議三期目の海外視察では、足が痛くて思うように動けなかった。ギリシャやエジプト方面に行ったのだが、あちこちで車椅子《いす》のお世話にならざるを得なかったのである。

エジプトではピラミッドを背景にラクダにまたがり、その高さに驚いた。ラクダは思ったより大きいが、おとなしくて人懐っこいので、安心して乗ることができた。それからエーゲ海のクルーズの最中、海が大好きな私の血が騒ぎ、思わず飛び込んで泳いでしまった。エーゲ海の美しい海の色を見ていたら、足が痛いなどとは言っていられなかった。同行した横山哲夫、嶋村尚美、桐生忠一、小島幸康議員らもあっけにとられていたが、これは私の武勇伝ということにしておこう。

県議仲間では、横浜市緑区選出の三好吉清議員とも親しく付き合った。県議初当選は八三年で同期だが、彼は浅野高校の後輩ということもあって、私のことを今でも「アニイ」と呼んでくれる。三好議員の実家は三好種苗という会社を経営しているが、私の家内の実家は三好種苗へ長ニンジンの母本《ぼほん》(生のニンジン)を提供し、三好種苗ではそれを使って長野県で種子を採取していた。そんな「ニンジンの縁」もあったのか、何となく気が合う間柄だった。

県議としての十二年間をあらためて振り返ると、長くもあり、短くもあり。議員が扱うテーマは長大なものが多いし、議会の決議には時間がかかる。十二年で結果が出せるわけではないが、JR武蔵野南線の客線化など、やり残したことの方が多いと思うのが本音だ。議員には審議権はあるものの、実行権がないというもどかしさを痛感したのも事実である。

しかし、私には農協人として育ってきたという自負があった。農協というバックアップがあってこその県議活動であり、私を支えてくれた農協が合併という大事業に取り組もうとしている。そんな大切な時期に農協に戻ることができるのなら、迷うことは何もない。幸い、持田文男君という若くて優秀な後継者を得ることもできて、後援会の人たちも快く納得してくれた。

農協はいろいろと事業を行っているが、事業体ではなく組織体だというのが私の持論だ。「一人は万人のため、万人は一人のため」という素晴らしい組織の継続と繁栄のために力を尽くしたいと心から思った。

合併への波ヒタヒタ

今では当たり前になった農協の愛称「ＪＡ」は、一九九一（平成三）年十月、日本武道館で開催された「全国農協大会」での決議（農協二十一世紀への挑戦と改革）に盛り込まれたものだ。これを受けて川崎市中央農協でもＣＩ（企業イメージ確立戦略）推進委員会を設置し、翌年四月から「ＪＡ川崎市中央」という名称を使い始めた。その一方、九四年に新食糧法、九五年に農協改革二法（ＪＡの組織再編・合理化と業務体制の強化改善などが成立して、この時期、農協を取り巻く環境は大きく変化したのである。

私は県議在職のまま、九四年六月にＪＡ川崎市中央の代表理事組合長に就任し、四期目となる翌年四月の県議選には出馬せず、農協業務に専念することになった。この間、県農業協同組合中央会が九一年に打ち出した「七ＪＡ構想」は「農協合併基本構想」としてまとめられ、翌秋の「県農協大会」で採択されて、合併への具体的な取り組みを行う段階へと進んでいた。

川崎市でも九二年四月に「川崎地区農協合併研究会」が立ち上げられたが、直ちに足並みがそろったとは言いがたい。

すばやく反応したのは藤沢市、茅ケ崎市、綾瀬市、大和市、鎌倉市、座間市、寒川町の七農協が合併したＪＡさがみ（二〇〇五年に海老名市農協も加入）、横須賀市、逗子市、葉山町の農協が合併したＪＡよこすか葉山で、どちらも一九九五年の春に合併にこぎつけている。

先行した二ＪＡの合併にも刺激され、同年十二月、川崎市の合併構想を初めて具体的に示す「川崎地区農協合併基本構想中間報告案」が出された。この時点で川崎市中央、川崎市多摩、川崎、川崎信用の四農協の新設合併とすること、合併予定日を九七年十月一日とするといった具体的な方針が提示されたのである。

川崎市の出遅れは、合併に緊急性がなかったという点も影響している。都市化、混住化、農業者の高齢化、農地税制の強化など、都市農業をとりまく環境は年々厳しくなっていたが、ＪＡ川崎市中央の正組合員数は二千二百人台でほぼ横ばい。しかし准組合員は順調に増え続けていて、七二年の四農協（橘、宮前、高津、向丘）合併時のほぼ四倍の六千七百人になっていた。

金融・共済事業の自由化や規制緩和の進展、高度情報化による他業態との競争も激化し

ＪＡ川崎市中央青壮年部として高津区長（左から２番目）にヒマワリの苗を贈呈（右から４番目　1997年）

ていたが、貯金高は九〇年に二千億円、九四年に二千五百億円を超えていた。加えて四つのＪＡともに自己資本率は高水準で推移していたため、どこも合併にもろ手を挙げて賛成とはいかなかった。むしろ金融情勢の厳しい時期に合併話が持ち上がることで、かえって組合員の不安をあおることにもなりかねないという懸念も小さくなかったのである。

しかし、今が安泰だからといって、そこにとどまっていては成長も発展もない。県中央会が示した「七ＪＡ構想」の意義、川崎市という地域性から生じる都市農業特有の課題を考えれば、この時期に四農協が一致団結して、自己完結機能を充実させていく必要があった。

駆け込みで支店を整備

私は川崎市内の四農協の合併を進める一方で、ＪＡ川崎市中央における基幹支店の整備を急いだ。そのおかげで、一九九六（平成八）年四月に高津支店、九月に宮前支店・指導経済総合センター、九七年五月に橘支店、九月に向丘支店が、それぞれ全面改築オープンにこぎつけたのである。

だいたい、農協といえば玄関前に数段の階段がある旧式の建物で、ドアを開けると横一列の長いカウンター。お客さんが腰かけて待つ場所が狭いのに、職員が陣取るカウンターの内部ばかりがやけに広い。ほとんどの店内は昼でも薄暗くて、まるでそこだけ「古き昭和」が生き残っているようだった。

「近々に合併することが決まっている時期にどうして全面改築か」という意見も多かったが、古めかしく、老朽化した支店に人が集まるわけがない。目前に迫った金融ビッグバンに備え、地域の利用者を取り込み、地域密着型の都市型ＪＡに脱皮するためには、都市住民の生活感覚に合った店舗設計が欠かせないと考えたのである。

しかし合併前後には、予想がつかないことが起こる可能性がある。合併自体はスムーズに進んだとしても、人事面や経営面で予期せぬ事態になれば、支店整備どころではなくなるかもしれない。そんな懸念があったため、合併前にできるところはやっておこうという気持ちが強くあった。

改築した支店はいずれも農住調和という理想を踏まえ、ＪＡ支店と地域との交流を目指したもので、たとえば、地下一階、地上五階建ての高津支店の五階には多目的ホールを設置した。宮前支店の二階には、県下ＪＡ初の介護用具展示コーナーを設置したし、橘支店はモダンな意匠性に富んだものとなった。和室や大会議室を備えた向丘支店の全面改築オープンは九七年九月二十九日で、まさに合併目前の駆け込み開店となってしまったのである。

支店の整備は、単に器を新しくしてＪＡバンクの窓口機能を強化するだけでなく、農協業務の変容に対応するものでもあった。

九二年に生産緑地法が改正されたとき、ＪＡ川崎市中央管内では、市街化区域内農地のうち、三八パーセントが生産緑地を申請した。手探りの中での法施行で、農業者の多くは農地や農業の行く末に漠然とした不安を抱いたままだった。こうした農地税制の強化や度重なる制度の改変を乗り切るため、ＪＡは土地の有効利用や相続・税務対策のアドバイザーとして、頼れる存在にならなくてはいけない。また急速に進む高齢化社会に備えたホームヘルパーの養成、年金相談など多様化する組合員のニーズに応えていく必要がある。

地域の核となるべき支店には、ハード、ソフトの両面で、従来の枠を超えた機能が求められるようになっていた。それが従来とは異なるデザインと機能を備えた支店の全面改築を急いだ最大の理由だった。

豊穣の女神「セレス」

一九九六（平成八）年四月、川崎市内四ＪＡ（川崎市中央、川崎市多摩、川崎、川崎信用）の代表者五十二人による合併研究会が発足した。また、七月下旬から八月上旬にかけ、川崎市中央農協管内では十四会場で第一回組合員座談会を開催した。合併の必要性と方向性、手順などをわかりやすく説明すると同時に、組合員の率直な意見をできるだけ多くの人から聞く必要があったからである。

合併の趣旨について徐々に組合員の理解を得る中、同年八月三十一日を合併基準日とし、九月～十月に統一決算監査を実施することになった。そして十月一日、「川崎市農協合併推進協議会」が発足し、合併に向かって諸問題を解決していく体制がようやくできあがった。

この協議会における審議や十二月に開催した第二回組合員座談会を経て、合併の合意に至るわけだが、思い出してみると冷や汗ものの混乱も多かった。

四JAとも自己資本比率や貯貸率（ある時点における貯金残高に対する貸出金残高の割合）は安定水準にあったものの、要注意債権に関する不安は根強く、その扱いについては一筋縄ではいかなかった。ある採決で挙手を求めたところ、なかなか手が挙がらない。このままではまとまる話もまとまらないと考えて休憩をはさみ、一時間ほど個別に説得にあたってから、改めて採決を行った。今度は過半数の挙手を得て無事に議案通過と思いきや、要綱上は三分の二の合意が必要だということが散会直後に判明したのである。

あわてて再度、書面で賛否の確認を取ったところ、どうやら三分の二に達していてほっと胸をなで下ろした。今となっては笑い話だが、議案通過の要件の誤りに誰も気づかないほど、現場はてんてこ舞いだった。

この時期にもっとも気を使ったのは新JAの名称である。二十一世紀にはばたく新しいJAにふさわしい名前を求めて公募したところ、九百八十八通、五百二十八点の応募があった。しかし、無難というか、当たり前というか、いずれも決め手に欠けたため、公募作品

本店玄関ホールに設置された「セレス」のレリーフ前に集う
役員一同（2002年の除幕式）

を参考の上、専門家の意見を採り入れて、正式名称を「セレサ川崎農業協同組合」、愛称「ＪＡセレサ川崎」とするに至った。

セレサ「ＣＥＲＥＳＡ」とは、古代ローマの豊穣《ほうじょう》の女神セレス「ＣＥＲＥＳ」に「Ａ」を加えたもの。英語アルファベットの第一文字「Ａ」には物事の最初、最高という意味があり、農業「ＡＧＲＩＣＵＬＴＵＲＥ」の頭文字にも通じる。

つまり「全国のさきがけとなり、次代に向けた最高の実りをもたらすＪＡ」というメッセージを込めたものであり、同時に、若い人に受け入れられる音感や響きがあるものがいいという私の意図にかなうものだった。

二〇〇二年に完成した宮前区の本店では、「セレス」のレリーフ（岡村謹史氏の作）が和やかに来客を迎えている。

ちなみにこの種のネーミングには、「ＪＡくにびき」（島根県松江市など）、「ＪＡとぴあ浜松」（静岡県浜松市など）、「ＪＡいるま野」（埼玉県川越市、入間市など）などの先例があった。

十二月十八日の第五回合併推進協議会で「ＪＡセレサ川崎」という仮称ネーミングが認められ、ようやく合併後の具体像がおぼろげながら見えてきた。

貯金残高全国一のＪＡに

一九九七（平成九）年二月七日、川崎市内四ＪＡ（川崎市中央、川崎市多摩、川崎、川崎信用）の代表理事組合長らが集まり、県農協中央会長を立会人として、合併予備契約の調印式が行われた。奇しくもこの年は川崎市中央農協発足から二十五周年にあたり、その節目の年に大きな転機を迎えたことに感慨深いものがあった。

三月七日、四ＪＡが同じ日の同一時刻にそれぞれ臨時に合併総会を開き、合併が承認された。これを受けて三月十日に「セレサ川崎農業協同組合設立委員会」が発足し、事務レベルでの詰めの作業に入った。八月二十八日に設立認可申請を行い、あとは十月一日の発足を待つばかりとなったのである。

この間、「セレサ」というネーミングに見合うロゴマーク「みのりのかけ橋」も作成した。自然、都市、太陽をモチーフとして「都市型ＪＡ」の先進的なイメージをアピールし、「ＪＡセレサ川崎」を象徴的に表現するものとなっている。

新生ＪＡの代表理事会長には、五四年から川崎農協の経営に携わり、県農協中央会専務として協同活動を支えてきた小峯利一氏が就任し、代表理事組合長は私が務めることになった。代表理事副組合長には多摩農協組合長として都市農業振興にまい進されてきた鈴木宏平氏、代表理事専務には川崎信用農協組合長として都市型ＪＡとしての金融事業スタイルを確立されてきた田口勇氏を選任した。まさに適材適所の配置であったと思う。

先進的な都市型ＪＡとしていかに地域に貢献できるかが、新生組織の大きなテーマとなることは明らかだった。そこにおける私の役割は、理事会の決定に従って業務を的確に処理するとともに、組合員や利用者の多様な要望に応えながら、経営全体を統括し、マネジメントしていくことである。合併時の正組合員数は四千九百四十四人、准組合員は三万三

「ＪＡセレサ川崎」の誕生を祝い、開所式でテープカット（中央　1997年）

千二百三十六人。貯金残高は約六千五百七十億円で、全国一の規模のＪＡとなり、私の責任は重大だとあらためて思った次第である。

本店機能は高津区梶ケ谷の旧ＪＡ川崎市中央の本店と同区久本の分室に置くこととし、支店数は営業所を含めて市内全域に四十店舗。そのほかに東部、中部、西部の三つの経済センター、それからＪＡ葬祭センター、ＪＡ旅行センターなどを擁してのスタートだった。

フリー、フェア、グローバル化が進展する金融自由化の時代、ＪＡが地域金融機関として生き残るためには、足腰の強いＪＡを構築する必要がある。幸い、合併後の自己資本比率は比較的高水準だったため、これをさらに高めて、自己完結機能を強化することが当面の課題だった。

そして他の金融機関とは異なるＪＡらしさを前面に出した活動をいかに展開していくか、責任が重い分、やりがいも大きい。

九七年十月一日、高津区梶ケ谷の本店で「ＪＡセレサ川崎」開所式と合併祝賀会を開催し、いよいよ新しいＪＡが始動したのである。

新生セレサは順風満帆

「ＪＡセレサ川崎」が誕生したのは、一九九七（平成九）年十月一日。最初に合併の話が持ち上がってから五年が経っていたが、実質的に動き出してからは二年半程度で無事に船出することができた。

大きな問題を抱えての合併ではなかったため、合意形成を急がなかったのも良かったかもしれない。他地域の合併例と比べても、比較的、スムーズに運んだ方ではないかと思っている。川崎市中央農協にとっては七二年に続く再合併であり、合併がどんなものかを経験している人が各部署に残っていたこともプラスだったと思う。

さて、新たなスタートを切ったＪＡセレサ川崎がまずなすべきことは、世間における認知度を高めることだ。合併は単なる組織防衛や組合員だけのためのものではない。地域住民に、「新しいJAはただのJAではなさそうだ」「今までとはちょっと違うみたいだ」と、関心を持ってもらうことが最優先のテーマだった。

まず目に見える方法として、新聞各紙に広告を掲載し、市内のJRと私鉄の全駅にポスターを貼った。金融機関の合併なのだから、これぐらいは当たり前かもしれないが、さらにJR南武線の川崎—立川間に、車輌内の全広告をJAセレサ川崎で統一した、いわゆる「アド・トレイン」を走らせた。十輌編成を一日に六往復、十日間走らせたので、かなりの周知効果があったと思う。

それから三百グラム入りの米の小袋を十万袋用意して配布した。通勤の行き帰りでもポケットに入れられるサイズにしようということでこの量になったが、総計では三十トン分にもなった。ただ時期的に地元産の新米が間に合わないので、他県産のコシヒカリの新米を使用した点は少々心残りである。

また「JAセレサ川崎誕生記念」と銘打ち、懸賞付き定期積金、懸賞付き定期貯金を合併時から年末まで発売した。定期積金はグルメ宅配、定期貯金はデパートの商品券や有機米などが当たるものだが、これがなかなか好評だった。

年末に実施した歳末特別貯蓄運動と合わせて利用が伸びて、年末の貯金残高は六千七百五十四億円となり、全国のＪＡの中でのトップの座を確たるものとした。

日本一ももちろん誇らしいが、合併から三カ月で百八十億円余りの貯金が集まったということは、ＪＡセレサ川崎が地域の人たちに受け入れられた証しといえるだろう。私にはそれが何よりうれしかった。

新米入りの小袋を配って「セレサ」をＰＲ
（ＪＲ川崎駅前　1997年）

何しろ、合併には予想外にお金がかかる。貸出債権にかかる抵当権の移転登記費用だけで六億円。店舗の看板をかけかえたり、女子職員の制服や封筒便せん類を一新したり、そのほか、予想もしないところで思わぬ出費が必要になる。

しかし、それを補って余りある集金力が認められたことは、舵《かじ》取りを任された私にとって大きな自信となった。新生ＪＡとして未知の航海に船出した、九百五十四人の職員たちも同じ気持ちだったと思う。

合併人事で知恵を絞る

川崎市内の四ＪＡ（川崎市中央、川崎市多摩、川崎、川崎信用）の合併構想が具体化した時点では、一九九七（平成九）年四月の合併を目指す心積もりだったが、話し合いを重ねるうちに十月に延期せざるを得なくなった。そのため、九八年三月末の決算では非常にあわただしい思いをしたが、まずは順調に滑り出すことができた。

一息ついたところで気になりだすのが人事だ。合併直後のＪＡセレサ川崎の業務を整理すると、貯金などの信用事業、共済事業、購買事業、営農活動、健康管理などの生活活動、資産管理事業、その他の旅行・葬祭事業などに分けることができる。これらを地域の人たちに利用しやすい業態にするには、組織の活性化が欠かせない。

合併時の役員数は四十二人。職員数が千人以下という規模を考えれば多すぎると思うが、最近の市町村合併のケースと同じで、合併直後はそのまま横滑りというのが常套《じょうとう》手段になっ

合併後、職員を前に「協調と融和」を訴える（1997年）

ている。

会長、組合長、副組合長、専務の四人が代表理事。そして学識経験常務理事が総務企画、金融融資、共済、営農経済を分担する担当本部制を採用した。また、理事のうち十一人は十地区からそれぞれ選任された地区常任理事で、JA本体と地域組合員とのパイプ役を務めることになった。現在の役員数は、組合長、副組合長二人、専務一人、常務四人を含めて四十四人。職員数もほぼ同じで、人数的には十年前のまま。変った点は監事の人数を増やしたことぐらいだ。

合併組織における職員の人事は役員以上に難しい。そこで合併時に私が掲げたスローガンは「協調と融和」だが、ここに掲げた融和とは職員相互の融和を意味している。同じ川崎市内とはいえ、まったく別個の組織だった四つをいかにまとめていくか、それは大きな課題だった。

まず職員の処遇については、合併前の二ＪＡが九等級制、他が八等級制と十一等級制を採用していたことを勘案した上で十一等級制にした。また、役職は旧四ＪＡの規模に応じてポストを配分し、ポストから外れた職員は専門職として処遇することにしたのである。

合併実現の見通しが立った時点で、九七年新卒の採用を控えるなどの数合わせも行ったが、四つのＪＡが合併したのだから、余剰人員が出るのは当然だ。特に窓口業務を行っていなかったそれぞれの本店勤務の人材がだぶつくことになる。

これもよくある手法だと思うが、合併時の人事異動は当面は凍結する、女性はあまり動かさないといった約束がなされていた。しかし「当面」にはいつまでという定義はないし、「あまり〜ない」は「まったく〜ない」とは違う。上に立つ者がどこかで決断しなければ、いい組織が作れるはずがない。

そんな私の決断について、誰かに直接言われたわけではないが、陰では「剛腕」と評されていたようだ。

支店巡り現場と対話

繰り返しになるが、ＪＡセレサ川崎は、一九九七（平成九）年に四つのＪＡ（川崎市中央、川崎市多摩、川崎、川崎信用）が合併してできた組織である。それをどうやってひとつのまとまりのある組織にしていくか、それが合併直後の最大の課題だった。それには、川崎の農業は都市農業であり、ＪＡセレサ川崎は、地域との共生をテーマとしてその存在価値を発揮していくべきだという私の考え方を、役員はじめ全職員に徹底的に理解してもらうことが重要である。

私は朝礼や会議など、機会があるごとに、自分の考えを言葉にして周囲に伝えるように心がけてきたつもりだ。一種の啓蒙《けいもう》運動だが、今振り返ってみると、それなりの効果はあったと思う。

また、合併以後は常に夏期と歳末に全支店を回って、朝礼と終礼の両方に参加して職員に直接話をしている。三十九の本・支店を全部回り切るにはおよそ二カ月かかり、スケジュールの調整も容易ではない。そんなことをしているＪＡの組合長は他にはいないが、それが私のやり方だ。
もちろん、一方的に話をするだけではない。現場の職員が何を考えているか、何を望んでいるか、本店の組合長室にいても分からない。こちらから出かけていって、顔を突き合わせて話すほかないのである。

1997年、本店での総決起大会で挨拶

毎年一度、職員全員が参加する「総決起大会」というのも恒例行事となっていて、その場で回り持ちの支店代表が、一致団結して目標を達成するとの「決意表明」を読み上げる。千人もの前で壇上に上がって話すのだから、本人にとっては一大イベントだ。こうした行事も他のＪＡでは例がないようだ。

また「貯金の伸びこそが信頼の証し」だという私の信念にしたがって、職員が自ら目標を立てる。たとえば県内全ＪＡの貯金増加実績は四パーセント台だが、セレサでは増加目標を五～六パーセントとしたため、当初は目標が高すぎると心配する役員もいたが、自分で立てた目標だけに、モチベーション（動機づけ）はかなり高い。ただし、この目標設定には落とし穴もあって、楽々と達成できるレベルでも、到底無理な数字でも適切な目標とはいえない。自分はどのくらい頑張れるか、頑張ったらこれくらいはできるということが客観的に判断できるようになって、ようやく一人前といえるだろう。

ＪＡセレサ川崎が誕生した九七年度後半の日本経済は、特別減税の廃止や緊縮予算の影響で個人消費が冷え込んだことに加え、金融機関の経営破綻《はたん》が続き、経済成長率が二十三年ぶりのマイナス成長を記録する厳しい環境だった。そうした中で、初年度の事業期間は半年だったとはいえ、経営面において比較的好調なスタートを切ることができたのは、職員ひとりひとりの意識を確実に高めることができたからだと思う。

九八年末の貯金残高も日本一を維持することができ、貸付、共済、経済事業も順調だった。組合員の協力はもとより、合併で規模が大きくなった安定感、職員の頑張り、そして「日本一」の安心感の相乗効果が発揮された結果だといえよう。

地域との共生を推進

都市農業の最大のメリットは、消費者が目の前にいることだが、そのメリットを活かすためには、地域との共生が不可欠である。

旧来の農業者の中には、農作物の天敵の虫や病気と戦うことは得意でも、近隣の新興都市住民と付き合うのは苦手だという人も少なくない。都市部で農薬を使うには制約も多く、純然たる農村地帯とは異なる悩みもある。ＪＡはそうした農業者の味方になりつつ、地域住民との融和を推進する役目を負っている。

ＪＡセレサ川崎では一九九七（平成九）年の合併直後の十一月十六日に「農業まつり」を開催した。バザーや即売会、展示会などが催される「農業まつり」自体は新しい試みではないが、新生セレサとしては最初の大きなイベントとなった。農業まつりは大勢の市民が参加できるため、地域に対するＰＲ効果が高い。今でも大きなイベントのひとつで毎年盛況だが、特に生鮮農産物の即売は人気が高く、一時間もたたないうちに売り切れてしまうところがほとんどだ。

また、川崎市防災農地登録制度に基づき、大地震発生時の一時避難場所として農地を提供する活動にも協力している。この制度は、川崎市に災害対策本部が設置される大地震災害が発生した場合、提供された農地を市民の一時避難場所、仮設住宅建設用地、復旧用資材置き場などとして利用できるというもので、災害時の市民の安全確保と円滑な復旧活動において重要な意味を持つ。

第１回農業まつりで挨拶（1997年）

　合併直前に協力者を募ったところ、二百六十四の農家から六十四ヘクタールの申し込みがあり、現在は七十五ヘクタールまで増加している。合併後の十年間で市域内の農地が百ヘクタールほど減ったことを考えれば、農家の防災への関心はむしろ高まったといえそうだ。

　合併後の離陸が順調だったこともあり、私は合併三年目の九九年度をセレサの真価が問われる時期だと考え、二十一世紀をめざした地域との共生をテーマに掲げることにした。合併前の各ＪＡがやっていた事業を引き継いだケースも多いが、合併と前後して始めたホームヘルパー養成講座も好評を得ている。また農業体験の場を提供し、農業の楽しさや難しさを知ってもらうことにも大きな意味があると思う。

川崎市には市が運営する市民農園がいくつかあるが、ＪＡセレサ川崎でも十九カ所、六百六十四区画の「ＪＡふれあい農園」を支援している。利用料は一年、一平方メートルあたり五百円と格安で人気が高い。

このほか、学校の農業実習の支援、親子でソバと野菜を種まきから収穫まで体験できる「こども農業体験教室」、ジャガイモの栽培が体験できる「じゃがいも学校」なども主催している。市民との共生という点では女性部の活躍が目立ち、ミニデイサービスや訪問介護など、福祉活動でも頼られる存在になっている。

小泉純一郎氏と対談

ＪＡセレサ川崎では毎月『セレサ』という機関誌を発行している。毎年一月号には組合長の対談を掲載するのが慣習で、合併翌年の一九九八（平成十）年は高橋清川崎市長（当時）に四ＪＡの合併の実現を高く評価していただいた。

九九年は中部地区、川崎南地区、幸・中原地区、西部地区の支部長四人に集まってもらった。この時は東西に細長い都市化地域と営農地域の環境の違いや、旧ＪＡのノウハウを尊重しつつセレサの新しいスタイルを作っていくこと、店舗の改修を進めることなどについて、率直な提言があった。

二〇〇〇年は青壮年部、女性部の代表七人が参加するにぎやかな座談会となった。ここではＪＡバンクへの期待、農政や福祉問題について語り合い、私からは青壮年部や女性部の代表がＪＡの経営へ参画してくれるようにお願いした。

そして〇一年は「ミレニアム特別企画　新世紀対談」と題して、私の最も信頼する衆議院議員の小泉純一郎先生と対談させていただいた。当時の小泉先生は自民党の派閥・森派の会長という立場にあったが、「和して同ぜず」という言葉を繰り返し口にされたことが印象に残っている。

『論語』の「君子は和して同ぜず。小人は同じて和せず」から引用されたもので、たとえ意見は違っても君子は協力できることは協力する。しかし意見の違いばかりを振りかざして、他人と協力できない小人が多いという話である。それは政治の世界でも、組織の経営でも同じだと思う。

小泉先生は厚生大臣を経験されたことを踏まえて、子ども時代の食生活の重要性を考えると、基本的な食料を国が自給することは、国家の責任だと言われた。そして遺伝子組み換え食品への国民の関心、国内農産物の優位性に対する評価といった消費者動向の変化などに、農業振興のヒントがあるのではと話された。

女性の社会参画、長期化する低金利、農地税制の問題など話題は尽きなかったが、二十一世紀の抱負をうかがうと同時に、当時、世論調査で支持率が上がってきていた小泉総理誕生への期待をぶつけてみたところ、しばし沈黙した後で「時の運というものもあるし…」と軽く笑い飛ばされた。

ところが小泉総理誕生はこの対談からわずか四カ月後。そこには「時の運」もあったかもしれないが、気骨のある小泉先生の政治スタンスが多くの人々の心をつかみ、世論の支持を受けた結果にほかならない。

同じ会談の場で小泉先生は「都市と農村の共存が持論」だとした上で、農業と都市の共生を実現し、日本一の農協づくりにまい進するよう励ましてくれた。その言葉を私は大変心強く思い、生涯の宝となる対談となった。それにしても、五年という長期間にわたって一度もぶれることなく、日本の総理大臣という重責を務められた精神力にはただ感心するばかりである。心からご苦労さまでしたと伝えたい。

合併5周年で新本店

一九九七（平成九）年の川崎市内四ＪＡの合併に先立ち、私は川崎市中央農協の支店整備を積極的に行った。合併後はそれどころではないかもしれないという思いからだったが、幸い「ＪＡセレサ川崎」が順調にスタートを切ることができたので、九九年から本格的な店舗改修事業を再開した。

「ＪＡバンク」の機能を強化し、他の金融機関と遜色《そんしょく》のないサービスや事業展開を行おうとしていた時期で、経営環境的には厳しさを予感させる要素がいくつかあった。しかし、そんな時期だからこそ事業面で萎縮することなく、老朽化した店舗から改修や建て替えを進めることにした。経営への悪影響を懸念する人たちに対しては、店舗を新しくすることこそ、効果的な集客につながると説得した。支店そのものが最も目立つ広告塔だからである。

そう考えてデザインやビジュアルには徹底的にこだわった。きれいで明るく、敷居は低くしなければいけない。実際、店舗のリニューアルによる効果は大きく、来客数・貯金残高ともに増加した。また、ほとんどの店舗は二、三階をパブリックスペースとし、町会や子ども会、商店会などに貸し出せるようにした。地区組合員と利用者の協同活動の拠点となるよう配慮したもので、この点も地域の人たちに歓迎されたと思う。

年に二、三店舗のペースでリニューアルを進める一方、合併五周年を期して本店を建築しようという気運が高まった。合併後は川崎市中央農協の本店と分室をそのまま利用し続けてきたが、本店機能が二カ所に分散しているという不便さがあった。支店整備優先という考えで後回しになっていたものだが、合併五周年の二〇〇二年六月十一日に完成に至った。これが東急田園都市線宮崎台駅から歩いて五、六分のところにある現在の本店である。

地上四階地下一階の建物は、板ガラスをふんだんに使った透明感のあるアーティスティックな外観になっている。特に百メートルにわたってガラスが弧を描いて伸びる通路空間はイベントスペースとしても使えるようになっていて、セレサ本店の象徴的な空間となっている。

正面のエントランスホールには「セレサ」の名前の由来となった古代ローマの豊穣《ほうじょう》の女

新本店開店の式典で挨拶（2002年）

神セレスのレリーフ、足元には合併前の旧四ＪＡの「協調と融和」を象徴する四つ葉のクローバーがシンボリックに刻まれている。存在感のあるセレスのレリーフの作者は二科会会員の岡村謹史《きんじ》氏で、建物の裏手にあたる駐車場側にもオブジェを創作していただいている。

正面から一歩踏み込むと、ホール全体が「大地・太陽・水・緑」のコンセプトで統一され、土色の床、竹を基調とした中庭、水盤、ガラス越しに差し込む光が豊かな実りを連想させる。建物はこれらのホール空間と事務所空間とに大別され、ホール部分の一階奥は多目的会議室、株主総会にあたる総代会が開催される二階大ホールは最大七百人を収容できるようになっている。公共性と開放感を重視した構造は、川崎の農業と文化を象徴する地域密着の建造物となるようにという願いを込めたものだ。

四階建ての事務所棟は機能美と効率性を追求した施設で、通常業務のほか、各種研修会や情報交換の場として活用されているが、この本店のたたずまいは「農協らしからぬ農協」であることを目に見える形で見せることに成功したと思っている。

人々に支えられ叙勲

二〇〇二（平成十四）年六月のＪＡセレサ川崎の新本店完成に先立つ四月、春の叙勲で思いがけず、勲五等瑞宝章をいただいた。地方自治功労ということで、三期十二年務めた県議の活動が評価されたと思うと感無量だ。これといった功績があったとは言えないが、議員時代に一貫して主張したＪＲ武蔵野南線客線化のコンセプトは、川崎縦貫高速鉄道（市営地下鉄）に引き継がれてゆくものと確信している。

私の議員活動の基盤にはＪＡ運動があり、後援会やＪＡ組合員の方々の支えがあってこその十二年だった。叙勲を機に、今さらながら多くの人に支えられてきた道程を実感できたことが私には大きな喜びだった。

叙勲という栄誉は晴れがましいものの、何となく照れくさい。しかしＪＡセレサ川崎の組合長という立場からすれば、叙勲には組織の信用度を高める効果があり、その点でも非常にいいタイミングでいただけたと思う。

また、九月十六日には、完成後三カ月の真新しいセレサホール「飛翔《ひしょう》」で叙勲祝賀会を開催していただいた。持田文男県議が発起人代表となり、阿部孝夫川崎市長ら自治体関係者、農協関係者などが多数出席してくださったことに本当に感謝している。

阿部市長といえばちょうどこの年頭に、機関誌「セレサ」の二〇〇二年一月号で対談していただいたところだった。その際、阿部市長が「多摩川梨《なし》」の畑が広がる環境が気に入ったために多摩区中野島に住むようになったと聞き、何だか自分のことのようにうれしく思ったものだ。

「川崎ルネッサンス」を掲げられている阿部市長は、市民生活の中の営みとしての「農」と、食料生産のための「農業」とを区別し、都市農業には、生活に潤いを与える形で農産物を提供することと、市民生活にとけ込んだ農業の場を提供するという両面を期待していると話された。市長が多摩川と農業は川崎にとって非常に大事なものだという認識を持っておられることは、地元の農業関係者として本当に心強い。

市民と共生する農業の第一歩として、私たちは環境に配慮した農業を意識し、減農薬栽培はもちろん、残農薬や農業用廃プラスチックなどの回収処理も全国に先駆けてスタートさせている。

また、二〇〇四年に七億円、二〇〇五年に三億円を拠出して「都市農業振興基金」を設立し、都市農業の活性化に役立てている。具体例をあげると、飛散農薬防護ネットの購入補助費用などがあるが、川崎市内の農業者と、周囲の人たちとの良好な共生関係づくりに寄与するための基金と考えている。

二〇〇二年当時は四ＪＡの合併に本格的に取り組んでから七、八年目。合併五周年という節目の年にあたり、十月八日に開催した合併五周年記念式典では、貯金残高八千億円達成報告を行うことができた。

振り返ってみると、無事に合併を成し遂げたことで、天から大きなご褒美をいただいたような年だったと思う。

「平等」から「公平」へ

ＪＡセレサ川崎は二〇〇六（平成一八）年十月で満九歳を迎えた。その間、ＪＡを取り巻く環境もいろいろと変わってきたが、最も大きな変化は、「平等」から「公平」への転換だろう。

かつての農協は「平等」であることを重視し、全組合員が同じサービスやメリットを享受できるのが当たり前だった。それが現在では、事業については「公平」でなくてはならないという考え方に変わってきた。つまり、たくさん利用した人ほどたくさんのサービスを受けられるが、総会での議決権や発言権は平等だという考え方だ。たとえばＪＡの資金を多く借りていれば貸付金利が低減されるといったことである。

こういう考え方が生まれた背景には、准組合員の増加がある。正組合員資格の基準は各ＪＡによって異なるが、ＪＡセレサ川崎の場合は二アール（一アールは百平方メートル）以上の農地を持ち、年間五十日以上農業に従事していることとなっている。

ところが、これに対して准組合員は、一万円の出資金を払えば誰でもなれる。

二〇〇六（平成十八）年三月末現在の正組合員は約四千四百戸、五千六百人あまりだが、准組合員はその六倍を超える三万五千人。この比率は合併当時とさほど変わらないが、地価の高い川崎で営農を継続するにはハードルが高いため、正組合員からやむを得ず准組合員になった人も少なくない。

〇三年一月号の機関誌「セレサ」では農林中央金庫の代表理事である上野博史理事長と対談した。上野理事長も「貯金の伸びは金融機関として絶対的な目標」「都市型ＪＡでは貯金の伸び＝信用」だと励ましてくれたが、ＪＡバンクには、組合員以外の方から貯金を預かる場合、一定の員外者貯金割合の制限がある。つまり、ＪＡセレサ川崎のように一般市民の利用比率が高ければ高いほど、この制限を守ることが難しくなるというジレンマに陥ることになる。

農林中金の上野博史理事長（左）と

　上野理事長は多摩区在住で、出入りの植木屋さんに勧められて、小田急線柿生駅前の西部経済センターに肥料を買いに行かれたことがあるそうだ。近ごろはホームセンターなどで肥料を購入する人が多いが、ＪＡの店舗では電話一本で配達もする。家庭菜園やガーデニングを楽しむ人は農家のようにたくさん使わないだろうが、ホームセンターは客が自ら買いに行くから安くできる。

だから、ＪＡの店舗でも買いに来た人には安くする、大量に買う人には配達料なしで配達する。それが、たくさん利用した人ほどたくさんのサービスを受けられるという公平の原則だ。

組合員中心のＪＡであることに変わりはないが、多くの市民から「利用して良かった」といわれるＪＡバンクになると同時に、できるだけ多くの人に准組合員としてＪＡの構成員になってもらいたい。地域の人とできるだけ多くの接点を持つことこそ、地域との共生という理念の具体化にほかならない。

ゴルフなら若者にも勝てる

私の最大の楽しみは、六十歳を越えてから本格的に始めたゴルフだ。

ＪＡセレサ川崎でも二〇〇〇（平成十二）年一月、合併記念として米国カリフォルニアのパームスプリングスで、九十三人のコンペを実施した。砂漠の真ん中の「インディアンウエルズＣＣ」というコースだったが、スタートホールの先のこんもりとした塚はインディアンのお墓だと教えられてびっくりした。

十八ホールを続けて回るスループレーなので、前夜、近くの日本料理店に頼み込んで、昼食代わりのおむすびを届けてもらった。ハーフが終わるとＪＡの職員が一人一人に手渡しし、プレーしながら食べた。

〇三年七月には合併五周年記念ゴルフを、ゴルファーあこがれのペブルビーチで開催した。バブル期に日本の商社が買収して全米の批判を浴びたこともあるが、さすがに景観は素晴らしい。あのプロゴルファー、タイガー・ウッズの専用ロッカーがあって、記念写真を撮る人も大勢いた。

コース全体が海のそばなので、波打ち際でオットセイが鳴いている。カモメがカートに積んだバナナを狙って飛んでくる。突然、空が暗くなったので見上げると、黒っぽいペリカンの大群が頭の上を飛んでいたのには驚かされた。

私はこのコンペで、県農業協同組合中央会の大川壽一会長（当時副会長）と一緒に回る

プライベートで訪れたサザンクロスＣＣでの一打

ことになった。大川会長は私より上手なはずだが、私と一緒に回るとなぜかスコアが互角になる。私はどんな状況でも比較的崩れず、大たたきしても次のホールで立ち直る。生来の楽天家で、気持ちの切り替えが早いせいだろう。それは仕事においても必要なことだと思っている。

七十四歳のとき、自分なりの心得として、覚書を書いてみた。たとえば、

ゴルフは人生のメンタルトレーニングである。

スコアよりも納得できる球筋が打てたか。

イメージ通りの攻めができたか。

プレーに集中できたか。

どこまで自分の基準を超えられたか。

といった他愛ないことばかりだ。

自分の基準とは、これまでのベストスコアの

八十を更新する、ドライバーでは常に二百ヤードを越す、二パット以上は打たない、ダブルボギーはたたかないなどだ。そしてエイジシュートやホールインワンは常に目標としている。

私がこれほどゴルフに夢中になったのは、若い人にも勝てるからだ。数あるスポーツの中で、高齢者が若い人たちに交じって一緒にできるのはゴルフぐらいしかない。言いかえれば、ゴルフは大人のスポーツである。体力が落ちても落ちたなりにスコアをまとめることができる。例えば悪いかもしれないが、テニスのように相手の打ち返しにくいところを狙ってミスを誘うような攻撃は必要ない。リラックスして自然を楽しみつつ、対戦相手と親睦を深めることができる。コースの攻め方を考えたり、芝を読むなどの知的側面がある一方、身体全体を使った運動で心地よい疲れを感じつつ、帰路に着く。その魅力は語り出したらきりがない。

これまではまったくの自己流でやってきたし、道具にもずいぶん投資してきた。ところが〇六年の五月、ＪＡセレサ川崎で実施している組合長杯（東富士ＣＣ）で伊沢利夫（利光プロの父）さんのワンポイントレッスンを受けたところ、たちまち十ヤードほど飛距離が伸びた。これには改めてゴルフの奥の深さを痛感させられた気がした。現在はだいたい月に三回ペースでコースに出ているが、ＪＡの職を退いたら何度だって行けるし、レッスンプロにも習ってみようと思っている。

ゴルフで本当に大切なのはスコアではなく、心豊かなゴルフを楽しむことだ。しかし、なかなかその境地に達することができない。

ゴルフは道具から

ゴルフに関する私の煩悩の深さは道具に表れていて、目につくとすぐ買い換えるため、人に笑われるほど、売るほどある。新製品が出るとすぐ欲しくなるし、人がいい音をさせて飛ばしているのをみると、喉から手が出るほど欲しくなる。ゴルフショップのカードのポイントで、狙っていたドライバーを手に入れるのももうすぐだ。

ガチガチに握って打っていた昔のクラブと違い、最近のクラブは性能がよく、どんなものでもそれなりに飛ぶようにできている。だから、二、三年前のクラブと新製品とはそれほど変わらないはずだ。それがわかっているのに、いったん欲しいと思いだすと、寝ても覚めてもそればかり。本当にもう病気である。

娘の亭主が大の釣り好きで、竿箪笥に二棹も和竿を集めている。最初はヘラブナだったが、渓流釣り、海のルアーと変わり、毛鉤まで作る凝りようだ。もっとも私のゴルフ道具のことを考えればお互い様である。この娘が結婚するときに夫婦それぞれにゴルフセットを買ってやり、娘はかなり上手いのだが、婿の方はよほど誘わないとゴルフどころではないらしい。子どもがいないので、夫婦そろって釣りに出かけているが、キャリアの浅い娘の方が大物を釣ってしまうこともあるようだ。

息子もゴルフにはそれほど熱心ではない。たまに私に付き合ってコースに出ても、思わず力が入ってしまうのが難点だ。軽く打つのと、そっと打つのとはまったく違うのだが、それがわかってこないとスコアはまとまらないものだ。

道具に関しては人並み以上に散財してきたが、六、七年前に使っていたキャロウェイのビッグバーサーは、私にしては珍しく長期間使い込んだ。重くて長いクラブで、当時はよく飛ぶと思ったが、今では重くて振りきれなくなってしまった。

もちろんパターもご多分にもれず、いろいろと変えてきた。ところが最近はゴルフに熱を入れ始めた十数年前、最初に買ったパターを引っ張り出して使っている。道具とは行き着くところ、そんなものなのかもしれない。

最近、気になるのはマナーの低下だ。時間がかかって後の組を待たせても平気だし、グリーン上にシューズ跡を残してもまったく気にしない。そんなとき思い出すのが、アメリカでのあるコースで、筒にいれた砂と小さなシャベルを渡されたことだ。自分たちが傷つけたコースは、自分たちで手当てしてこいという意味である。

私たちのグループが戻って来たときにさりげなく中身を除き、ほとんど空になっているのを確かめた係員は、「ベリー・グー」とウインクした。ゴルフはすべてを自己責任で申請するスポーツだから、その基本となるマナーは大切である。

もっとも私も一度だけ、前の組に打ち込んでしまったことがある。距離はほぼ二一〇ヤードで、普段はそんなに飛ぶことはない。だからキャディさんも軽く打って下さいとゴーサインを出したはずだった。

最近の道具は進化しているので、手も膝も関節も柔らかくして振りぬかないといけないが、このときは本当にうまく力が抜けていたらしく、予想以上に飛んでしまった。幸い、夫婦二組で回っていたプレーヤーが穏便に済ませてくれたから良かったようなものの、すぐに自分の非を忘れて、普段からこういうふうに打てればと思ってしまう。そんな自分をあさましいと思いつつ、飛ばしたい、いいスコアを出したいという思いからはなかなか抜け出せない。

もし、私がゴルフに関してひとつだけ誇れるとしたら、ボールはゼクシオ。これだけは一貫して使い続けている。

ラスベガスでの体験

私は六〇歳を越えてからゴルフに熱中しているが、いわゆる賭けゴルフは一切やったことがない。ただし、勝負運は強いような気がしている。

たとえば、ＰＴＡの会長時代、ママさんバレーの監督を引き受けたときには川崎市の大会で優勝できたし、川崎市中央農協で少年野球を後援したら、地元の野川レッドパワーズがＴＶＫ杯で優勝した。それからこれは勝負ごとではないが、目の前で爆弾が炸裂した横浜大空襲で生き残ったこと。六〇年近くも車を運転していて、若いときはけっこうスピードも出したが、軽微なもらい事故だけで済んでいること。それもこれも強運のなせるわざかと思う。

賭けゴルフはやらないが、海外旅行で立ち寄ったラスベガスでは一度ならず、大当たりした経験がある。一度は赤か黒かの単純なルーレットだったが、一緒にいった人たち、特にご婦人たちに囲まれるとなおさら強気になって勝負に出た。

この手の勝負のコツは胴元の顔色を読むことだと思う。ただし、根っからのギャンブラーではないから、ダラダラと勝負を続けてはだめだ。一度で勝てたら勝ち逃げするに限る。この日はその作戦が見事に的中した。

ある日、ルーレットで大勝ちしたところを見ていたらしい別のディーラーが声をかけてきた。彼が扱っているのは、名前はわからないけれど、縦になった円盤の中央に付いている時計の針のような棒を回して、棒の止まったところで当たりはずれが決まるものらしかった。

日本でいう「でんすけ」または「でんすけとばく」で、円盤の上を回る針が止まる位置を予想して金銭を賭けるもの。これを縦型にしたものだと思ってよさそうだった。縁日や駄菓子屋などが子ども向けにやる場合は、円盤に数字や干支が書いてあり、賭けたところに針が止まれば飴やお菓子がもらえる。川崎の野川あたりのお祭りでは、これを「どっこいどっこい」と呼んでいたのである。

針を回すときに、「どっこい、どっこい、まわるよ、まわる。どっこい、どっこい、とまるか、とまるか」と調子をつけて囃すことからそう呼ばれていたらしいが、昭和になってから宇都宮警察署の増田伝助巡査が検挙したことから、警察の隠語として「伝助」と呼ばれるようになったらしい。

そこで私はその盤を指さして、「ジャパニーズ　ネーム　イズ　ドッコイドッコイ　オーケー?」と言ったら彼はウインクしながらうなずいていた。

それからというもの、そのディーラーは日本人らしい客を見つけると、「ヘイ、ジャパニーズ　ドッコイドッコイ　プリーズ!」と声をかけていた。そのノリの良さに思わず笑ってしまったものである。しかし「賭け」の魅力とアイデアは洋の東西を問わないようだと感心もさせられた。

残念ながらラスベガスの「どっこいどっこい」には手を出さなかったが、その後の農協経営を通じても自分を強運だと思うことは何度かあった。しかし、改めてわが身を振り返れば、江田島の兵学校に進む前に終戦となったことこそ、いちばんの強運だったのかもしれない。

セレス像に会う旅へ

ＪＡセレサ川崎が誕生した一九九七（平成九）年、ＪＡセレサ川崎設立記念の日帰り旅行として「房総目出鯛《めでたい》旅行」を実施した。十二月十九日から二十九日にかけて千八百五十人が参加し、開通したばかりの東京湾アクアラインを通って「小湊ウオポート」や「鴨川シーワールド」での観光を楽しんだ。ちなみに、この旅行の名前の由来は参加者全員にお土産としてタイ一尾がついたからである。

九八年の八月、九月には合併一周年記念として十五班編成で五百八十人が参加したヨーロッパ旅行を実施した。ドイツ、フランス、スイスの三カ国を巡り、ロマンチック街道やアルプス周遊をする旅だった。その後も、二度のゴルフコンペやスペイン、ニュージーランド、ハワイ、カナダ旅行を催した。二〇〇七年は合併十周年記念としてギリシャを訪問し、セレサの語源となったギリシャ神話の女神、セレス像を組合員ら参加者に見てもらうつもりだ。

議員時代にも海外視察や後援会の旅行に何度か出かけたが、海外でいちばん記憶に残っているのがドイツだ。最初は八九年十月の県議時代で、直後にベルリンの壁が崩壊したため、特に印象深い。

後援会の旅行で行ったときは大きなビアホールですっかり盛り上がり、みんなで炭坑節を踊った。なぜ炭坑節だったのかわからないが、誰かが歌い出すとみんながつられて歌えや踊れや。それにつられたようにドイツ人の客はもちろん、給仕までもが一緒に見よう見まねで踊り出して、音楽は万国共通だと感心したものだ。

ドイツではロマンチック街道の旅も記憶に残るものになった。古都ヴュルツブルクから、オーストリア国境に近いフュッセンまで、およそ三百五十キロもある街道を全部訪ねたわけではないが、見渡す限りの麦畑や牧場と、古い街並みが交互に視界に飛び込んでくる。ほとんどの街で、建物の内装は改造してもいいが、外観は昔のままという規制があるらしい。ホテルも木造二階建てぐらいで、日本の古い民家に泊まったような居心地の良さがあった。道路の両側の家は窓に花を飾り、訪れる人たちの心を和ませてくれる。街ごとにまったく味わいの異なるビールを飲めるのがまた楽しい。

九三年にはシュツットガルトで開かれた「国際園芸博覧会」を訪れた。県が園芸関係者を募って主催したもので、私は県議会の農政企業常任委員会委員長として参加することに

夫婦で訪れたシュツットガルトの
国際園芸博覧会で（1993年）

なった。自費での同行者参加も認められていたので、この時は家内を伴ったのである。

シュツットガルトはベンツの本社があるドイツ有数の工業都市。かつて廃車を埋めた谷から油が染み出し、環境汚染で問題になったという。そこで廃棄物を全部掘り出して良い土を入れ戻し、広大な公園として整備した。ドイツでは過去の過ちを忘れないために、こうした博覧会を開催するのだそうだ。

旅先では思わぬ出会いもある。ドイツからスイスに行き、登山電車に乗ったら、偶然、従兄弟（いとこ）に会った。また、ミュンヘンのホテルで声をかけられたので振り向いたら、声の主は隣の家の息子だった。異国で出会うと、見慣れた顔が妙に懐かしく思えるものだ。

川崎ブランド次々と

一九九七（平成九）年の合併以来、幸いにもＪＡセレサ川崎の貯金残高は順調に増え続けてきた。貯金量こそ金融機関の信頼の証しという信念を抱いている私にとって、何よりの励みとなる結果である。

セレサの貯金量は合併六年半で二千二百億円を上積みし、九千億円の大台が視野に入って来た。そこで二〇〇四年度スタートの第三次総合三か年計画を策定するにあたり、その後の三か年で貯金量一兆円達成を目指すことを明言した。そのテーマは「改革と挑戦・Ｃｈａｌｌｅｎｇｅｒ　ＪＡセレサ」である。

もっとも私自身は、この目標をいつ言いだすべきか、タイミングを計っていた。早すぎては笑い物だし、遅くては士気に関わるからだ。

〇四年は観測記録を書き換える台風の襲来や新潟県中越地震、福岡県西方沖地震などの自然災害に加え、夏の異常高温が農産物に大きな影響を及ぼした。そんな厳しい環境にありながら、金融事業収益が過去最高を記録した。事業管理費抑制の効果もあって、収益計画を大幅に上回った。その結果、年末の貯金残高が九千三百十五億円を超え、一兆円達成に確かな手ごたえを感じることができた。

そこで〇五年三月、川崎市民に向かって「一兆円宣言」を行った。直後の四月にはペイオフが解禁が控えていたが、懸念された貯金の流出は起きず、むしろセレサに預け替えてくださった方も大勢いる。この経緯はとても大きな自信となった。

貯金残高1兆円達成報告会で挨拶（2005年）

その結果、〇六年度中の達成を目標としていた「一兆円」を、〇五年末で達成することができた。セレサ誕生から八年三カ月で、新たに三千五百九十五億円を預けていただくことができたのだ。

貯金残高が一兆円を超えるＪＡは全国に三つあるが、いずれも広域合併によって貯金量が増大したものだ。それに対してセレサは着実に、一歩ずつ前進してきたという自負がある。それは役職員の努力に加え、組合員や利用者、多くの市民がセレサを信頼してくれた結果に他ならない。〇六年十二月六日には、本店を除いた三十八支店の貯金残高だけで一兆円を超えることができた。純粋な個人資産、組合利用者の分だけで達成した一兆円であり、これこそが本当の目標だったといってもいい。達成の報告を聞いたときのうれしさは格別で、前年とは違う意味で感慨深かった。

そうした信頼を得るための一環として、セレサは都市農業を振興し、農業や自然を通して都市の住環境を守るため、市民参加型体験農業や景観整備などに力を入れてきた。また、川崎市が誇る農産物ブランドを「かわさきそだち」と名づけて普及に努めている。

「かわさきそだち」は多摩川梨《なし》、宮前メロン、柿生禅寺丸柿などの果実、野菜や花卉《かき》など、十九品目二十四種にのぼる。

多摩区菅で栽培されている「菅ののらぼう菜」もアブラナ科の青菜で、「かわさきそだち」のひとつに名を連ねている。もともと菅の近辺で栽培されていたものが、後に東京・あきるの市五日市周辺などにも伝播し、今では埼玉県などにも広がっている。江戸時代の菅は、多摩川を行き来する筏《いかだ》の停泊地だったため、ここから各地に伝わったという説が有力である。菅では一時栽培者が減ったが、〇一年に地元の園芸農家・高橋孝次さんが「のらぼう保存会」を設立して普及に努めている。

また、宮前区馬絹の花卉栽培は江戸時代以来の伝統を持ち、園芸・華道の枝物の「枝折《しおり》」という独特の技術がある。ハナモモなどの枝物はまだ蕾《つぼみ》が小さいうちに枝を切り出し、蕾を前面にそろえるようにして束ね、加温して開花させたものを出荷するが、この束ねる技術が「枝折」で、花卉農家・吉田義一さんの家が代々伝えている。

日本最古の甘柿である「禅寺丸柿」も川崎の名産である。麻生区の王禅寺で発見されたことからこの名が付けられた。小粒で甘みが強く、かつては天皇陛下に献上されたほどの名品として知られていたが、富有柿、次郎柿といった大粒種の台頭により、昭和四十年ごろから生産が激減してしまった。

この禅寺丸柿を「川崎の農村文化として後世に残したい」と考えた麻生区の農家が集まって保存会を結成し、「禅寺丸柿ワイン」の商品化に成功した。市場価値の高くない禅寺丸柿を現代の食文化に合うワインとして蘇らせた功績には頭が下がる思いだ。とくに保存会のまとめ役として長きにわたり、禅寺柿丸の保存・普及活動にまい進した片平の中山茂会長らの努力に感謝している。

川崎の農業はなかなか奥が深いということを、これからもできるだけ多くの人に発信していきたい。

直売所は共生の拠点

ＪＡセレサ川崎は、「地域社会と共生するＪＡバンク」「地域社会と共生する都市農業」の二つを基本理念としているが、残念なことに現状では二つの理念の達成度が異なっている。これからは、二〇〇五（平成十七）年末に達成した「貯金量一兆円」という太い柱をバックボーンとして、地域と共生する都市農業という側面の価値を高めていくべき時期だと思う。

たとえば全国のＪＡに先駆けて創設した「都市農業振興基金」は、総額十億円を原資とした運用益を、都市農業の振興という目的に限定して使うということで、組合員の賛同を得ることができた。こうした基金がスムーズに創設できたのは、川崎市では緑の供給地でもある農地は、一般市民との共通の財産だという考え方が浸透しているからだと思う。

課題のひとつは農業振興地域の活性化だ。農業振興地域は良質な営農地を確保するために、国が区画整理をしたり、農道や水路を整備した地域のことで、原則として農業以外のことには使えない土地である。しかし制度施行から三十年以上がたち、農業従事者の高齢化が著しく、農業だけでは生活が立ち行かなくなっている。川崎市内では麻生区の黒川、早野、岡上などが農業振興地域に指定されているが、周囲の宅地化が進む中で、営農活動が活性化しているとはいえない状況だ。

セレサでは現在、黒川に大型直売所を造る準備を進めている。予定地は鶴川街道沿いで、小田急多摩線の黒川駅も近い。町田市、稲城市、多摩市に隣接する立地で、十分な集客力があるものと見込まれる。

出荷地が近くなって高齢生産者の負担が減り、営農意欲を活性化することが第一の目的だが、消費者の反応がダイレクトに見える生産地という利点を生かせば、団塊世代の後継者が増加したり、仲間同士で楽しみながら農業をやってみようというケースも増えるのではないかと期待している。

黒川地区は多摩丘陵の一角をなす典型的な丘陵地帯で、谷戸《やと》と呼ばれる谷の部分には水田がある。斜面や尾根は雑木林で、豊かな自然も残っている。直売所で農産物を売買するだけでなく、自然に親しんだり、農業や土に触れる機会を提供すれば、市民の交流にも貢献できるだろう。

2008年麻生区・黒川にオープン予定の大型直売所のイメージ図

川崎市はこの一帯を農業公園として整備する構想を持っているし、明治大学農学部が実習農園を開設することも決まっている。川崎市の「農」を象徴する地域にふさわしい建物をセレサが建てて、地域社会と共生する都市農業を具現化する場所にしていくつもりだ。単なる直売所ではなく、地域の核としての、いわゆる「道の駅」の進化形のような新しいスタイルを打ち出したいし、市の農業公園の窓口機能を併設してもいい。ＪＡバンクの支店機能を持たせ、専門技術員を常駐させてガーデニングや農業の相談に乗るなど、ＪＡの拠点としての機能も充実させるつもりだ。

夢を膨らませるばかりではなく、〇八年四月のオープンを目途に、計画をしっかり詰めていきたい。

自宅の庭先も交流の場

農業者は自分が耕した土地に愛着心を持つが、私の子どもたちの世代になるとそうはいかないようだ。息子の真人は、休日に農作業をしている私と目が合っても、何となく決まり悪そうにしているだけで、けして手を貸そうとはしない。車の運転はできても、おそらくトラクターひとつ動かせないだろう。

私は農作業が大好きで、ＪＡの経済センターの大売り出しで最新型のトラクターを見ると、つい欲しくなって買ってしまう。そしてゴルフに行かない休日は農作業に精を出すのが日課。着古したゴルフウエアは野良着として重宝している。

影向寺《ようごうじ》（川崎・宮前区）のある高台に位置する私の家の前は「橘《たちばな》の散歩道」と呼ばれる遊歩道の一部で、休日ともなれば、百人から百五十人ほどの人が通るだろうか。

歩きやすいせいか、犬を連れている人が多いので、まず犬を褒めるとたいていの人が立ち止まり、ひとしきり話し込んでいく。私も農地で栽培するコスモスなど、丹精込めた花を褒められるとうれしいので、いつも絶やさないようにしているし、次は何を植えようかと考えるのが楽しい。

通る人の年代も幅広く、子どもを二人連れた若夫婦も常連さんだ。私と話しながら、故郷のことや自分の親のことを思い出しているのかもしれない。

通りがかりの子どもたちには、コスモスの種をまいた場所以外はどこへ入ってもいいと言っている。家の入口にある樹齢二百年ぐらいのシラカシの木にはカブトムシがいる。この木だけどうして樹液が湧くのかわからないが、カブトムシを見つけた子どもたちは大興奮だ。わが家には孫がいないから、小さな子どもに喜んでもらえるのは大歓迎である。だから、道に突き出た柿の実も採り放題だ。もっともこれは渋柿なので、渋を抜かないと食べられないけれど。

小さな子どもは耕耘機に乗せてやると大喜びだ。記念写真を撮ってあげるためにガレージにポラロイドカメラを用意しているが、最近はカメラ付き携帯電話のおかげでめっきり出番が少なくなった。庭先でお弁当を食べさせてもらっていいかと尋ねられることも多い。幸いすぐ前の野川神明社にきれいな水洗トイレや手洗い場あり、一休みするにはもってこいの場所になっている。

時には「どこかで見たことがあるね」と言われるので、「農協に出ているよ」と答えると、「ああ、農協の新聞に写真が載っていたおじさんだ」と納得してまた話し込むこともある。

こういうコミュニケーションはとても楽しい。地域と共生する都市農業という理想を実現するには、市民の理解を得ることが第一歩だが、そのためには、こちらから声をかけていくことが大切だと思う。そうすると、学校で飼っているカイコの餌にする桑の葉をくださいと言われたり、何かの種をまく時期を聞かれたり、一度話せば話題はいくらでも出てくる。

地域と密着するためのさまざまなイベントはＪＡという組織として実施していけばいいが、散歩をしている人たちに、まず一軒一軒の農家が、それぞれのスタンスで声をかけてみる。そうした姿勢が親近感を生み、都市農業を理解してもらうことにつながっていく。そう考えて、私なりに努力しているし、ＪＡのイメージアップにもけっこう貢献しているはずだと思う。

今では黙って通り過ぎる人はほとんどいなくなり、たいがいが顔なじみだ。セレサを辞めて、毎日がそんな生活になるのが楽しみだ。

セレサが演出するサプライズ

最近、「格差」という言葉を聞かない日はないような気がする。JAは「平等」から「公平」へとサービスの質を移しつつあるが、たくさん利用した人がたくさんサービスを受けられるという「公平」の仕組みを「格差」だと誤解されることがある。かつてはすべての組合員が、均質なサービスやメリットを享受できて当然だという考えが主流だったからである。

日常生活では、人よりも頑張った人が、それほど頑張らなかった人よりも多くの果実を手に入れるのは当然だと思う。経営者だって、働きのいい社員によけいに報酬をあげたいと考えるはずだ。

問題はその差が広がる一方であって、一度ついた差を埋めたり、逆転することが難しい世の中になりつつあるということだろう。それが本当の不公平を格差と感じるのではなく、公平さえ格差と誤解してしまう一因になっているのだと思う。

地図を広げてみると、川崎市は明らかに東西に長い。というか、長方形の対角線のように、北を上とすると、左上から右下に向かって斜めに伸びた形状をしている。しかも、歴史的には東南部の川崎区が川崎市誕生の中核であり、徐々に北西方向に市域を拡大してきたという経緯がある。川崎市の誕生から、北西端の柿生・岡上地域の編入までには十五年という時間を要した。

そうした川崎市で顕在化している問題を、東西格差というのか、南北格差というのかは難しいが、私などは「南北格差」という言葉がすぐ口をついて出る。ＪＡという視点に立つと、北には高齢化が進む農業振興地域、中域から南には生産性を上げることを至上命題とする都市型農業地域を抱えているというのが実感だ。生活道路の整備状況、ごみの焼却能力、学校、病院、保育所などの行政サービスの現状にも、「南北格差」という言葉が使われている。感覚的には「南北」なのである。

しかし、本当の問題は南北か東西かではなく、地域間「格差」が確かに存在するという事実とどう向き合うかだろう。セレサはこれからもそうした課題に真正面から取り組んでいくが、そのためには市民からの信頼をさらに高めていくことが前提となる。その意味では貯金残高一兆円達成はひとつの節目ではあるが、この快挙による恩恵をできるだけ多くの人が受けられるようにしなければならない。つまり、「地域と共生するＪＡバンク」の柱が太く育った今こそ、そのパワーを「地域と共生する都市農業」の振興に振り向ける仕組みづくりの好機だということだ。

そのためには、セレサ主催の行事を充実させ、イベントや旅行に招待されることがブランドとなり、付加価値となるように努力している。年金振込口座や給与振込口座の開設者、准組合員の集い等、様々なカテゴリーに応じたイベントを用意し、サプライズを仕掛ける。来てくれる人数が多ければ何回でもやる。それが楽しければ楽しいほど、参加者が新たな市民を連れて来てくれるだろう。

川崎市の教育文化会館でイベントを開くと、会館から川崎駅まで、セレサの袋を持った人たちの行列ができる。その数が多ければ多いほど、市民が関心と信頼を寄せてくれる。その効果は広報紙やメディアで伝えられるものの比ではない。

改革とは常に新しい視点に立ち、価値ある事業を勇気と努力で実行することである。これからも、農家経営の向上や農業振興地域の活性化を図る直売所（ファーマーズマーケット）のオープンなど、セレサが仕掛けるサプライズを、ひとりでも多くの市民に身近に感じてもらえるよう、たゆまぬ努力を続けていきたい。

生涯一農業人として

ＪＡという呼称はすっかり定着したが、本来は農業を組織的に守るための農協を原点とする「運動体」であって「事業体」ではない。

しかし内閣府に設置された経済財政諮問会議、総合規制改革会議、規制改革民間開放会議や一部マスコミでは、総合ＪＡの信用・共済事業の分離、内部補填《ほてん》の禁止、独占禁止法適用除外の適用範囲の厳格化などの要求が出されている。こうした論調は非営利の自助組織である協同組合の本質をないがしろにするものであって、納得はできない。

そもそも農業技術を指導し、農家の収益性を高める営農部門には収入がない。それにもかかわらず、農協という組織が連綿と継続してこられたのは、総合農協という形態がうまく機能していたからである。たとえば、雪解けが遅く冬の訪れが早い東北以北で安定的に米が収穫できるようになったのは、品種改良や機械化に加え、ビニールハウスで苗を育てて田植えの時期を早くするという栽培方法を普及させる営農指導が徹底されたからだ。そういう例はいくらでもある。セレサ管内の農地面積は少ないが、営農指導が重要であることは、どんな地域でも同じだ。

現在、セレサには貯金量一兆円の金融機関という側面がある。金融庁の検査を受けるのは当然としても国税の支払いは扱えないし、隣接する横浜市の公共料金も払い込めない。それでも一般の金融機関と同じ検査マニュアルが厳然と適用される。そこには農業協同組合に対する視点がまったく欠けていると言わざるを得ない。

三大都市圏のＪＡとそれ以外のＪＡでは、経営体質に違いがあり、県内の十四のＪＡ間にも格差はある。ＪＡ全体としてそうした自己矛盾を抱えていることは確かだが、総合農協という組織の大枠を保ちつつ、それぞれのＪＡが個々の問題の解決を図っていくことが当面の課題だと思う。

郵政民営化、政府系金融機関や公益法人改革が政官民の癒着を暴き、既得権にしがみつく組織を解体するものだとしても、ＪＡはそれらと同列ではない。改革の本質に逆行するＪＡ解体論の拙速な論議や過剰な介入は、日本の農業を支えてきたＪＡにとって耐え難いことだ。私たちは全国中央会を中心に理論武装し、拙速な解体論者と対峙《たいじ》していかなければならない。

ＪＡを取り巻く状況は厳しいが、セレサは金融事業をいっそう充実させ、市民に密着した金融事業をバックとして、農業を守りながら育てていく。

地域に根ざしたセレサの一員として、准組合員になりたいというセレサファンを一人でも多く獲得して経営の安定を図り、都市型ＪＡの手本となるようなＪＡでありたい。そのためにも、これからは女性の管理職や株主にあたる総代など、職員、組合員の両面で女性の発言力を高めていく経営センスが求められるだろう。

私は間もなく一組合員としてセレサを見守る立場になるが、川崎とセレサを思う気持ちはずっと変わることはない。

第五章　地域に還る

観光協会事業をサポート

ようやく近頃になって、農協を辞めた後のことを考えられるようになった。どちらかというと私の後半生は農協一筋で来てしまったから、農協を辞めたらもっと地域のために尽くしたいという思いが強くなっている。

まず具体化できそうなのが宮前区の観光協会である。まだ立ち上げの話が進んでいる段階だが、「観光」と言っても、まずは宮前区に住んでいる人たちに地域のことを知ってもらうことから始めて、よそから人を呼ぶのは二番目でいいと思っている。

地元にどんなものがあるのか、それにはどんな歴史があるのか、まず地域に住んでいる人たちに地域をよく見てもらい、地域が誇れる文化や産業があることを知ってもらうことが第一歩である。古くからの住民と新入住民が入り混じっている地域では、そうしたことを通じて交流が生まれることもあるだろう。

私の家の前は「橘《たちばな》の散歩道」と呼ばれていて、影向寺から野川神明社あたりを散策する人も多い。しかし、影向寺がたいそう由緒あるお寺であることも、国宝に匹敵するような仏像があることも、ほとんどの人は知らない。春には桜が美しい野川の神明社は手洗い場や水洗トイレがきれいに整備されていて、手軽なピクニックには隠れた穴場ともいえるが、このこともあまり知られていない。

地域の人たちに、徒歩や自転車でぶらりと出かけたくなるような場所があることをもっともっと知ってもらいたい。だいたい地元の人が知らない場所や、地元の人に愛されない場所に、よそからの観光客が来るわけがない。「観光協会」という組織で何ができるか、具体的にはまだ考えていないが、個人的には海外に行った際、珍しい木製のパターやアイアンを何本か買ってきてある。これからもそういうものを集めて、ミニ博物館のようなものが作れたらいいいと思う。

また、「観光」という新しい切り口について農協の協力が得られれば、たとえば農業体験の後にバーベキュー大会を開くとか、農協のイベントとリンクさせて「影向寺のまち」を昔のように復活させるとか、他の地域とは違った企画も実行できるのではないかと、内心では大いに期待している。

私の家の敷地も、野川の神明社も、そのための場所ならいくらでも提供したい。何しろ私は神明社の「永久顧問」ということになっている。散歩道を整備して、いつ歩いても花が咲いているように植えるなど、やりたいことはいっぱいある。

有料老人ホームを開設

二〇〇四、五年のことだったと思うが、ＪＡセレサ川崎で、特殊養護老人ホームを開設しようという構想があった。セレサでは女性部員が五百人を超える規模で二級ヘルパーの資格を持っている。せっかく取得した資格を社会に役立てたいという希望があり、農協としてぜひ協力していきたいと考えたからである。

一方で社会における少子高齢化の進行も予想以上に早く、核家族世帯が高齢化した場合の在宅介護には、老老介護、遠距離介護など、従来以上に厳しい現実が横たわっている。団塊世代が高齢者の仲間入りをする今後数十年間は、老人ホームへの依存度が高まることがあっても低下することはない。農協という組織の地域密着性を考えれば、遅かれ早かれ、取り組んでいくべきテーマだと思えたのである。

そこで私から特殊養護老人ホームの開設をセレサの理事会に提案し、快諾を得た。その際、土地は私が提供するつもりだったが、納税猶予制度等の期限の関係で、計画の履行は三年先にせざるを得なかったのである。しかし、その三年の間に特殊養護老人ホームの建設に関する制度が大幅に変わってしまい、農協としては中止やむなきという事態に至ってしまった。

私が農協の事業に関わって以来、自ら理事会に提案して実行に至らなかった案件はひとつもない。セレサでの十年間でも、理事会の了承まで得て中止になったのはこの一件のみである。国の制度が変わった以上、セレサとしてはどうしようもないが、私にはホーム開設を言い出した責任がある。

そこで専門家に意見を聴きながら、新しい制度を検討した結果、特殊養護老人ホームはとても無理だが、誰でも利用しやすい有料老人ホームなら何とかなりそうということになった。そこで私の家の敷地の東側の、花桃畑のあるところに老人ホームと診療所を併設した施設を建設することにしたのである。名称は「サンシャインのがわ」(仮称)。規模は七十床で、すでに公的機関の認可も得ている。

今のところ、影向寺台にはそういう施設がない。高台になっているので、高齢者は医者に行くにも不便な思いをしているが、逆に福祉施設を建設する環境としては申し分ないし、診療所が併設されるということで、近隣の人たちも歓迎してくれている。セレサで提案して果たせなかった責任について、個人でできる範囲で貢献できるのであれば、それは私にとってもたいへんうれしいことである。

建設予定地にはまっ白い花が咲く、樹齢二百年ほどのコブシの大木がある。入居者のためにも、これだけは絶対に残しておくつもりだ。

夢はエイジシュート

二〇〇七年五月にはＪＡセレサ川崎の一〇周年記念事業として、一般、シニア、女性部に分けて盛大にゴルフ大会を催すことになっている。そこでももちろん好成績を狙いたいが、公職を退いて時間ができたら、しっかりゴルフのレッスンを受けて腕を磨きたい。私自身のこれまでのベストスコアが八十なので、ぜひ八十歳でエイジシュートを実現したいというのが私の最大の夢である。

これまでの経験からいうと、いいスコアが出るのは、それなりに慣れたコースで、適度に緊張する相手と回ったときに限られている。親しすぎる人ばかりでは気持ちが緩んでしまうし、かといって、知らない人が入っていると緊張はするけれども、楽しくない。ゴルフはやはり、楽しくなければダメだ。

私がよく利用する沼津国際カントリークラブでは、私は人柄がいいという定評があって、新人のキャディさんと組まされることが多い。今日が初めてとか二日目とかのキャディさんが、口うるさいお客さんと組まされたのでは、確かに気の毒だ。それに対してベテランのキャディさんはプレーヤーの腕を見抜くが、こちらもキャディさんの実力を図っているところがある。

私は距離を読むときは自分の感覚を信じるが、グリーン上だけはキャディさんのアドバイスに耳を傾けるようにしている。要するに、人に頼って悔いを残すよりは、自分の感覚で打つべきだ。そうすれば、飛びすぎてもショートしても納得してプレーが続けられる。だいたい距離感は調子に左右されるもので、調子が良いときは短く、悪いときは長く感じるものだ。

それから、前のホールがＯＢでも、済んだこと、終わったことはすぐに忘れることが大切だ。くよくよしないことだ。仕事にもそうした一面があり、ときには忘れることも大事である。忘れなければ、新しいことは入って来ない。

しかし、いったいゴルフの何がこんなにも多くの人を引き付けるのか。自分もそのひとりでありながら、ときどき不思議に思う。そんなときに書き留めておいた各界の人たちの名言集がある。その最たるものが、「ゴルフの欠点は面白すぎること」だ。その他にも「ゴルフに逆転ホームランはない」「勝敗は自滅で決まる」「届かなければ入らない」等々、どれも含蓄のある言葉である。

確かにゴルフはミスをしないこと、つまり自分自身に克つことが求められるスポーツで、相手の隙を突いて勝てるものではない。コースマネジメントは重要だが、欲張りすぎても、冒険しすぎてもいけない。

それからあまり上手くなり過ぎてもいけない。一人だけ腕が抜けていると、「あの人とは一緒に回りたくない」と思われるようになり、友だちをなくす。三〜四打差で勝ったり負けたりする相手がちょうどいいところだと思う。

『論語』にはこういう言葉がある。

これを知る者は、これを好む者にしかず。

これを好む物は、これを楽しむ者にしかず。

これを私なりにゴルフに当てはめて書き留めたのが次の一文である。

ゴルフを知ることは一生涯できない。

好むこと、楽しむことはできる
知るの世界に半歩でも近づきたいという思いはある。
そういうと、奥の深いゴルフに失礼かもしれない。
私ごときスコアの者が…
それでも、反省と挑戦の繰り返しです。

果物づくりを楽しむ

私の生活には今でも車が欠かせないが、七十歳を超えると運転免許の更新も大仕事だ。これまでに二度経験したが、まず機械を使ったシミュレーションや動体視力の検査が待っている。これを済ませると試験コースを試走するが、坂道発進、クランク、S字などを一通りやらされる。

前回の試験官はなかなか面白い人で、私が運転席に座った瞬間に、「今日はどうやって来ましたか」と聞いてきた。それで「ベンツのスポーツカー」だと答えたら「大丈夫ですか」と驚いていた。しかし、実際に運転し始めると、「うまいもんですね」と感心しきり。今度

今でもトラクターを運転して農地を耕やす

は「いつごろ免許を取ったんですか」と聞くので、「昭和二十四年だよ」だと答えると、「それはすごいや。私はまだ生まれていませんよ」というので、車内中が大笑いになった。

向丘自動車学校でこれだけの試験をクリアして、ようやく合格の証書をもらい、宮前警察署で更新手続きをするのである。普通の試験と違い、更新手続きは免許証を持っている人ばかりが来るわけだから、落とすための試験ではない。しかし高齢者にはプレッシャーの多い試験である。

車を運転し、ゴルフを続けている体力や健康に効いているのかどうかは定かではないが、私はもう四十年以上、毎朝、タマネギとワカメの味噌汁を欠かしたことがない。味噌は時々変わるし、時には青味を入れることもある。まだ三十代だったころ、私の髪の毛が堅い癖毛だったので、母が毎日ワカメを食べさせるようと始めた献立だが、昨今、タマネギの健康効果があれこれ言われているところをみると、こんなワンパターンの食生活でも、案外、健康維持に役立っているのかもしれない。まさに継続は力である。だとしたらその健康と体力を、これからは花づくりや果物づくりに活かしていこうと思っている。

全国農業協同組合中央会功労表彰で、引戸付きのビニールハウスを贈られたとき、畳十帖分ぐらいの広さがあるので、さて、何を植えようかと考えた末に、アメリカンチェリーと、ふつうのサクランボの木を一本ずつ植えてみた。家の近くによく実のなるサクランボがあるので、自家受粉もすると思うのだが、違う種類を植えた方が受粉率がよくなるのではないかと思ったからである。ハウス内に植えたのは、雨に当てないためと、鳥に食べられないようにするためだ。

以前からあるサクランボは、毎年、黄色からちょっと赤味がかかった時期にザルに一杯収穫している。ところがそれをカラスが見ていて、次の朝には一粒残らず食べつくされているのだからたまらない。近くにはアンズやウメの木もあるが、いつ、どの木から実をもいでも、次の日には全部カラスにやられてしまう。まるで私が収穫を始めたのをどこかで見ているようだ。

以前、農協で話したことがあるが、もしかしたらリーダーのカラスがいて、「今日は小泉のサクランボが食べごろだ」「今日はどこの何がいい」と、仲間を誘って飛来するのではないか。そう思わざるを得ないぐらいの徹底した食べ尽しぶりだ。新たに植えたサクランボも、根がしっかり張る二、三年後には見事な実をつけてくれると思うのだが、カラスの餌食にされるのはまっぴらだ。

果物は今でもたくさん作っていて、ジューンベリーやブルーベリーもある。デコポン、イヨカン、サマーオレンジ、ザボンなど、柑橘類が多いが、中ではネーブルがいちばんよく採れる。どれもみずみずしくて美味しい自慢のフルーツだ。これらをカラスから守るために、近々、防鳥ネットを設置するつもりでいる。

家の周囲にはいろいろな花を作っているが、これからできる老人ホームのためにも花を絶やさないようにするつもりだ。春には桜が咲き、カイドウが咲き、桃が咲く。夏から秋まではそれほど苦労しないが、冬は咲く花が限られているので、間断なく咲かせるようにするには案外難しい。それでも年末にはビワがクリーム色の小さな花を付け、真冬には寒椿、サザンカ、四季咲きサツキなどが咲く。

そういえば、去年の春に咲かせたチューリップを、うっかりそのまま放置してしまった。本来は秋に掘り出さなければいけなかったのだが、幸いにも今年は去年と同じように花をつけてくれた。セレサから解放される今年の秋は、しっかり掘り出して、新たに植え替えなければいけいない。そうかと思うと、温室にのらぼう菜を置いておいたら、加温していないのに真冬に花が咲いてしまった。農業と関わっている面白さは、物言わぬ草木たちの、驚くほど鮮明な意思表示に出会うことかもしれない。だからこそ農業人は真摯に農作物と向き合わなければならないのである。

思えば、日々、土を踏みしめながら始まった農家の跡継ぎ暮らし。私はそこを出発点として、ＰＴＡ活動、農協活動や県議活動など、社会的に意義のある仕事をいろいろとさせていただいてきたが、この土地と農業とが私を育ててくれたことを改めて感じる今日このごろである。

一農業人の思い出話に長々とお付き合いくださったことに心から感謝しつつ拙い筆を置くことになるが、これからも畑を耕している私を見かけたら、気軽に声をかけてとりとめもない世間話をしていただければと思う。

あとがき

市井の一農業人の人生を振り返ったに過ぎない文章の寄せ集めが、こうして一冊の本という形になるのは気恥ずかしい。神奈川新聞連載時の「わが人生」というタイトルも、考えてみれば大仰に聞こえる。しかし、長く関わってきた農協活動から身を退く時期を目前に、自身をじっくり振り返る機会を得られたことは幸いだった。そしていままたひとつの節目を、新たなスタートホールに立つような気持ちで迎えられることを、心から清々しく思っている次第である。

また本書の出版にあたり、県議時代から厚誼を得た小泉純一郎氏に一文を寄せていただいたことは私にとって過分の喜びとなった。そして末筆ではあるが、長い間、私を支えてくれた多くの人たちと、出版の機会を与えてくれた関係者に深く感謝する。

小泉一郎

著者略歴
小泉　一郎（こいずみ・いちろう）
1930年川崎市生まれ。旧制浅野中学（現私立浅野高校）卒業後、農業に従事。1979年川崎市中央農業協同組合専務理事。1983年神奈川県議会議員（３期）。1994年川崎市中央農業協同組合代表理事組合長、1997年セレサ川崎農業協同組合代表理事組合長。2002年瑞宝章受賞。

わが人生６　かわさき農歓喜

2007年６月５日　初版発行
著者　小泉一郎
発行　神奈川新聞社
〒231-8445　横浜市中区太田町２-23
電話　045(227)0850（出版部）

Printed in Japan　ISBN　978-4-87645-403-7　C0095

片桐義子の花日記

片桐義子　著／自然史植物画研究会　画

四季折々の花・366種をボタニカルアートで表現しながら、「花療法」の視点でその効用や特徴、飾り方、エピソードなどを紹介。オールカラーで美しいイラストが好評。

■文庫版388頁／定価1，260円（本体1，200円＋税）

英国びいき、葉山暮らし―おしゃれ生活しませんか？―

ケイティー恩田　著

トータルライフコーディネーターとして、おしゃれな暮らしを提案する著者が、イギリスのアンティークや花のあしらいを取り入れた、楽しい生活のヒントを紹介。美しいビジュアルで料理・お菓子のレシピも掲載。

■A5横判72頁／1，785円（本体1，700円＋税）

がんと向き合う―神奈川の医療現場から―

神奈川新聞社編集局報道部　編

がん患者と家族に伝えたい、神奈川県に特化したがん医療最前線。県内主要病院の治療体制や実績、自治体検診の情報が満載。

■四六判332頁／1，575円（本体1，500円＋税）